KB275997

신중성 프랑스어
귀가 열리면
입이 열린다
DELF A2, B1
A PARIS 2

신중성 프랑스어

귀가 열리면 입이 열린다 DELF A2, B1
A PARIS 2

발 행 일　2012년　4월　27일
초 판 3쇄　2016년　8월　20일

저　　　자　신중성 저
발 행 인　윤우상
책 임 편 집　최준명, 윤병호
표지 디자인　Design Didot 디자인디도
발 행 처　송산출판사
주　　　소　서울특별시 서대문구 홍제2동 104-6번지
전　　　화　(02) 735-6189
팩　　　스　(02) 737-2260
홈 페 이 지　http://www.songsanpub.co.kr
등 록 일 자　1976년 2월 2일. 제 9-40호

ISBN　　　978-89-7780-179-0　13760

SONGSAN 송산출판사

　프랑스어 초중급자들을 위한 종합 프랑스어 교재를 출간하게 되어서 기쁘다. 사실 오랫동안 강의 하면서 프랑스어를 처음 시작하시는 분들에게 정확한 발음과 청취 연습을 함께하며 독해력과 더불어 문법을 체계적으로 공부할 수 있는 교재를 만들어야겠다고 늘 생각하고 있었다. 이에 본 교재를 출간하게 되었다. 이 교재는 시리즈로 기획되어 있어 왕초보 청취 과정부터 고급 청취까지 체계적으로 공부할 수 있도록 출간될 예정이다. 우선 왕초보 과정과 초중급 과정을 위한 교재를 출간하게 되었다.

　본 교재의 특징은 처음부터 끝까지 줄거리가 있는 내용으로 재미있게 청취를 학습할 수 있도록 되어 있으며, 청취와 더불어 문법도 체계적으로 정리할 수 있어 종합적으로 학습할 수 있다는 것이다.

　프랑스어 청취 실력을 늘리기 위해서는 간단한 회화 중심으로 되어 있는 교재로는 사실 많은 어려움이 있다. 그래서 이 교재는 회화 중심과 더불어 이야기 중심으로 되어 있어 줄거리가 있는 짧거나 긴 지문들을 통하여 청취력을 전반적으로 키울 수 있다.

　본인의 프랑스어에 대한 평소의 소견은 평이한 것을 완전히 이해하는 것만이 프랑스어를 깊이 있게 알 수 있는 길이라고 보며, 또한 프랑스어 특유의 발음법과 문법 및 구문만이 갖는 날카로운 예지와 정확함을 빨리 몸에 배도록, 처음 프랑스어를 시작할 때부터 정확하게 종합적으로 공부해야 한다는 것이다.

우선 왕초보 및 초중급 학습자들을 위한 본 교재를 출간하며 빠른 시일 내에 여러분의 프랑스어 종합 학습에 큰 보탬이 되도록 다음 단계의 시리즈 책들을 출간할 예정이다. 청취 중심의 문법, 독해 시리즈인 본 교재들을 통하여 여러분이 좀 더 가까이 프랑스어에 깊은 애착을 느낄 수 있기를 바란다.

끝으로, 이 교재를 출간하는데 교정 등 많은 도움을 주신 (주) 신중성 관계자 및 종로 신중성어학원 원어민 대표 강사 Julien 님에게 고마운 마음을 전한다.

아울러 프랑스어 보급과 교재 편찬에 항상 많은 관심을 갖고 계신 송산출판사 윤우상 사장님과 윤병호 과장 및 최준명 대리님에게도 심심한 감사의 마음을 표한다.

저자 **신 중 성**

Table Des Matieres

1

Tout s'est passé comme prévu.

🔊 미리 들어 보세요.

Les premiers jours je demandais sans cesse mon chemin aux passants.

Vous pouvez m'indiquer comment aller aux Champs-Elysées?

Alors j'ai décidé de ne parler ou de n'écrire qu'en français.

N'oublie pas de lui transmettre mes amitiés.

C'est incroyable, tout ce que j'ai pu faire en si peu de temps.

Ça t'en bouche un coin, n'est-ce pas?

Si tu ne me crois pas, tu pourras consulter mes photos sur mon blog.

Si tu as encore besoin de quelque chose, n'hésite pas à me le demander.

Ce sera avec plaisir que je t'aiderai.

Tout s'est passé comme prévu.

Paris, le 26 juin

Mon cher Henri,

Cela fait déjà plusieurs semaines que je suis à Paris et je commence à bien connaître la ville. Les premiers jours je demandais sans cesse mon chemin aux passants:

- Place de l'Etoile, c'est par où? Vous pouvez m'indiquer comment aller aux Champs-Elysées? Pour aller au Louvre, s'il vous plaît?

Maintenant que j'arrive à me repérer, c'est plus agréable de se promener et surtout, je suis moins fatigué. Quand tu viendras à Paris, je te servirai de guide.

Tu te demandes sûrement pourquoi je t'écris en français. C'est simple, je veux profiter de mon séjour pour progresser au maximum. Alors j'ai décidé de ne parler ou de n'écrire qu'en français. Si tu as du mal à comprendre, demande à M. Laforêt de t'aider. Les conversations que j'ai eues avec lui m'ont été d'une aide précieuse. Elles m'ont permis de me faire comprendre dès mon arrivée, de sorte que je n'avais pas l'air trop ignorant. Dis-lui aussi que j'ai bien fait sa commission, comme il me l'avait demandé. Tout s'est passé comme prévu. N'oublie pas de lui transmettre mes amitiés.

Je suis sorti tôt ce matin, je suis passé à la poste acheter des timbres, je me suis rendu au jardin du Luxembourg pour y lire tranquillement le journal et t'écrire. En général je préfère y aller le matin, c'est plus reposant à cette heure-ci, les allées sont presque vides, il y fait bon et l'air y est frais, on y rencontre quelques étudiants qui lisent, écrivent, étudient ou rêvassent.

C'est un grand jardin avec une belle pièce d'eau. Les parterres y sont remarquablement fleuris et les fleurs aux multitudes de couleurs représentent des formes géométriques. C'est un jardin à la française.

C'est incroyable, tout ce que j'ai pu faire en si peu de temps. J'ai visité Notre-Dame et la Sainte-Chapelle. J'ai fait une croisière sur la Seine où nous avons fait la connaissance d'un vieux professeur très savant qui nous a emmenés à la Comédie-Française en compagnie de sa petite-fille Blanche. Cette dernière nous a présentés à son amie Madeleine, jeune actrice. Ça t'en bouche un coin, n'est-ce pas? Dans la même soirée j'ai fait la connaissance de deux jeunes Parisiennes. J'ai fini la soirée chez une actrice de la Comédie-Française, j'ai dansé avec elle, j'ai bu du champagne excellent. Si tu ne me crois pas, tu pourras consulter mes photos sur mon blog.

Je n'ai pas oublié les renseignements que tu m'avais demandés concernant les usines d'automobiles et je te les enverrai dès que je les aurai rassemblés. Si tu as encore besoin de quelque chose, n'hésite pas à me le demander. Ce sera avec plaisir que je t'aiderai.

Bonnes vacances, amuse-toi bien.

Amicalement.

Pierre

빠리, 6월 26일

사랑하는 앙리에게,

빠리에 있은지 벌써 몇주가 되어서 나는 이 도시를 잘 알기 시작하고 있어. 처음 며칠 동안 나는 행인들에게 끊임없이 길을 물어보곤 했지.

– 에뜨왈 거리는 어디로 가야하나요? 샹젤리제로 어떻게 가야하는지 알려주시겠습니까? 루브르 박물관으로 가려면요?

내가 지금 어디에 있는지 알 수 있게된 지금은 산책하는 일이 더 쉬워지고 특히 덜 피곤하단다. 네가 빠리에 오면 내가 가이드 역할을 해 줄게.

내가 왜 편지를 프랑스어로 쓰는지 자문할거야. 간단해. 나는 나의 프랑스어를 최대한 향상시키기 위해 나의 빠리에서의 체류기간을 이용하고 싶어. 그래서 프랑스어로만 말하고 쓸려고 결심했어. 만약 이 편지를 이해하는데 어려움이 있다면 라포레 씨에게 너를 도와달라고 부탁해봐. 내가 라포레씨와 나누었던 대화는 내게 값진 도움이 되었고, 내가 프랑스에 도착했을 때 나를 이해시키는 것을 가능케 해주어서 내가 아주 무지해 보이지는 않았어. 그가 나에게 부탁했었듯이 내가 그의 심부름을 잘 했다고 그에게 말해줘. 모든 일이 예상대로 진행되었어. 그에게 안부 전하는 것을 잊지 말아줘.

오늘 아침 나는 일찍 외출해서 우표를 사기 위해서 우체국에 잠깐 갔었어. 그리고 조용히 신문을 읽고 너에게 편지를 쓰기 위해서 뤽쌍부르 공원에 갔단다. 보통 나는 아침마다 그곳에 가는 것을 좋아해. 이 시간에는 좀더 편안하거든. 거리는 한산하고, 그곳의 날씨는 좋고 공기는 신선해. 그곳에서 책을 읽거나, 편지를 쓰거나 혹은 몽상에 잠겨있는 몇몇 학생들을 만날 수 있지.

그곳은 아름다운 연못이 있는 큰 정원이야. 그곳에서 정원들은 특히 꽃들로 만발해 있고 다양한 색의 꽃들이 기하학적인 모습을 연출하고 있지. 그것은 프랑스풍의 정원이야.

나는 이 짧은 기간 동안 할 수 있었던 모든 것이 놀라울 뿐이야. 나는 노트르담 성당, 쌩뜨-샤뻴 성당을 방문하고 쎄느강을 배를 타고 유람했어. 그곳에서 우리는 박식한 어느 노 교수님을 알게 되었는데 그 교수님은 우리를 그의 손녀와 함께 꼬메디-프랑쎄즈에 데리고 갔었어. 그리고 그녀는 그녀의 친구이자 꼬메디-프랑쎄즈의 마들렌이라는 젊은 여배우를 소개시켜 주었어. 놀랍지 않니? 같은 날 밤에 나는 두 명의 젊은 빠리 여성들과 알게 되었고, 꼬메디-프랑쎄즈의 한 여배우 집에서 그날 밤을 끝마치며 그녀와 함께 춤을 추고, 맛좋은 샴페인을 마셨지. 내말을 믿지 못한다면, 내 블로그에서 내 사진들을 검색할 수 있을 거야.

나는 자동차 공장에 대해 네가 나에게 부탁한 자료들을 잊지 않고 있어. 내가 그 자료들을 수집한 후 바로 보내줄게. 만약 다른 것들도 필요하다면 나에게 주저하지 말고 부탁해. 기꺼이 너를 도와줄게.

즐거운 휴가가 되길 바라고 즐겁게 지내길 바라며.

안녕.

삐에르

Cela fait 시간 que ~ : ~한지 ~되었다

commencer à inf : ~하기 시작하다

sans cesse : 끊임없이

le chemin : 길

le passant : 행인

par où : 어디를 통해서, 어디를 거쳐서

indiquer : 알려주다, 지적하다

comment aller 장소 : ~에 어떻게 가는지

Maintenant que ~ : ~한 지금

arriver à inf : ~하기에 이르다, ~할 수 있다

se repérer : 자신이 어디에 있는지 알다, 자신의 위치를 알다

C'est agréable de inf : ~하는 것이 유쾌하다, 기분좋게 ~하다

surtout : 특히, 무엇보다도

servir de ~ : ~로 쓰이다

se demander : 자문하다

profiter de ~ : ~을 이용하다

le séjour : 체류, 응접실 - séjourner 체류하다

progresser : 발전시키다, 진보하다

ne ~ que ~ : 단지 ~ 만

avoir du mal à inf : ~하기가 힘들다

permettre à qn de inf : ~에게 ~할 것을 허락하다

faire inf : ~하도록 하다, ~하도록 시키다

dès mon arrivée : 내가 도착하자마자 - dès ~하자마자, 부터

de sorte que ~ : 그래서

avoir l'air 형용사 : ~처럼 보이다

la commission : 심부름

se passer : 행해지다, 이루어지다

comme prévu : 예정대로, 예상대로

transmettre mes amitiés à qn : ~에게 나의 안부를 전하다

la Banque postale : 우체국 은행, 우체국

(예전의 la poste - 2006년 1월부터 명칭 변경)

passer : 잠시 들르다, 보내다, 지나가다

le timbre : 우표

se rendre à 장소 : ~에 가다 (= aller)

l'allée (f.) : 오솔길

vide : 텅빈, 비어있는

rêvasser : 공상에 잠기다, 몽상에 잠기다

la pièce d'eau : 연못

le parterre : 화단

géométrique : 기하학적인

à la française : 프랑스 식의, 프랑스 풍의

incroyable : 믿을 수 없는, 굉장한

en si peu de temps : 그렇게도 짧은 시간에 - 전치사 en 은 완료를 나타낸다.

la croisière : 유람, 항해

savant : 박식한

en compagnie de qn : ~와 동반하여

cette dernière : 후자 - 남성일 경우에는 ce dernier ↔ le premier 전자

en boucher un coin à qn : ~를 깜짝 놀라게 하다 = en boucher une surface à qn

consulter : 열람하다, 찾다, 상담하다

le blog : 블로그

concernant ~ : ~에 관한

dès que ~ : 하자마자 - 주절보다 보통 한 시제 앞선다

rassembler : 모으다

ce sera avec plaisir que ~ : 기꺼이 ~할 것이다.

hésiter à inf : ~하기를 주저하다

s'amuser : 즐기다, 재미있게 시간을 보내다

amicalement : 안녕 - 편지나 메일 뒤에 친한 사이끼리 맺음말로 많이 쓰인다.

구문연구

❶ 길을 물어 보는 표현

- Place de l'Etoile, c'est par où? 라는 표현이나 Pour aller Place de l'Etoile, s'il vous plaît? 를 많이 쓴다. '~로, ~에, ~에서'란 뜻으로 쓰일 경우에 광장 이름이나 거리 이름 앞에는 보통 전치사나 관사 없이 쓴다.

J'habite <u>rue Lepic</u>. 나는 르삑가에서 살고 있다.

❷ 의문사 + 동사 원형

구어체에서는 상황상 주어가 확실히 드러나 따로 쓸 필요가 없을 경우에 의문사 다음에 바로 동사 원형을 쓰면 된다.

Vous pouvez m'indiquer <u>comment aller</u> aux Champs-Elysées?

Je ne sais pas <u>où aller</u>. 나는 어디로 가야할지 모르겠다.

❸ 과거 분사 일치

조동사로 avoir를 취하는 복합 과거에서 직접 목적 보어가 과거 분사보다 앞에 있을 경우에는 그 과거 분사를 앞으로 나간 직접 목적 보어에 성, 수를 일치시켜 준다.

<u>Les conversations</u> que j'ai eu<u>es</u> avec lui m'ont été d'une aide précieuse ~

<u>Les livres</u> que j'ai lu<u>s</u> hier étaient très intéressants.
어제 내가 읽었던 책들은 매우 재미있었다.

4 목적의 표현

왕래 발착이나 장소 이동의 동사 다음에 동사 원형이 오면 목적(~하러)의 뜻을 갖는다. 목적을 나타내는 전치사 pour가 생략된다.

Je suis <u>passé</u> à la poste (pour) <u>acheter</u> des timbres.

Elle est <u>descendue</u> à la cave (pour) <u>chercher</u> des bouteilles du vin.
그녀는 포도주 병들을 찾으러 지하실로 내려갔다.

5 장소의 표현 중성 대명사 y

장소를 나타내는 표현은 중성 대명사 y로 받을 수 있고, 위치는 다른 대명사와 마찬가지로 동사 앞이다.

Je me suis rendu <u>au jardin du Luxembourg</u> pour <u>y</u> lire tranquillement le journal et t'écrire. En général je préfère <u>y</u> aller le matin.

L'air est frais <u>dans un jardin.</u> 공기는 정원에서 신선하다.
→ L'air <u>y</u> est frais.

Je vais <u>au jardin</u> le matin. 나는 아침마다 정원에 간다.
→ J'<u>y</u> vais le matin.

6 **à la** +국가의 여성 형용사 → ~나라 식의, ~나라 풍의

C'est un jardin <u>à la française.</u>

C'est un restaurant <u>à la française.</u> 그것은 프랑스식 레스토랑이다.
C'est une maison <u>à la coréenne.</u> 그것은 한국풍의 집이다.

구문연구

7. 장소의 관계 대명사 où

où는 장소를 받는 관계 대명사로도 쓰인다.

J'ai fait une croisière sur la Seine où nous avons fait la connaissance d'un vieux professeur très savant.

C'est un parc. J'y vais le matin. → C'est un parc où je vais le matin.
그것은 내가 아침마다 가는 공원이다.

8. 실현 가능한 조건 표현

Si + 현재, 단순 미래 - ~하면 ~할 것이다

현재 및 미래의 실현 가능한 사실들을 표현한다.

Si tu ne me crois pas, tu pourras consulter mes photos sur mon blog.

S'il fait beau demain, j'irai à la montagne. 내일 날씨가 좋으면 산에 갈 것이다.

9. dès que ~ : ~하자마자

dès que 절은 주절보다 한 시제가 앞선다.

Je te les enverrai dès que je les aurai rassemblés.

Dès que j'aurai fini mes devoirs, nous irons ensemble au cinéma.
내가 숙제를 끝내자마자 우리 함께 영화관에 가자.

2

J'attends avec impatience de vos nouvelles.

미리 들어 보세요.

Et par quoi dois-je commencer? C'est un vrai casse-tête.

Nous n'avons rien à leur envier.

J'espère qu'ils te plairont.

D'où je suis, je peux voir la vieille église de Saint-Germain-des-Prés.

Les rues de Paris sont bondées de voitures et les parisiens roulent très vite.

J'en ai acheté quelques-uns mais mon amie Blanche m'en a prêté plein.

En lisant deux heures par jour, je fais beaucoup de progrès.

J'imagine que tu as déjà quitté la ville pour te rendre dans ta villa.

Peux-tu me donner des nouvelles des autres?

J'attends avec impatience de vos nouvelles.

Paris, le 1er juillet

Ma chère Hélène,

Avant mon départ, nous nous étions promis de nous écrire de longues lettres et de tout nous dire. Mais comment puis-je te raconter mon voyage, ma vie parisienne, mes rencontres avec mes amis français, tout ça en une seule lettre? Et par quoi dois-je commencer? C'est un vrai casse-tête.

Tout d'abord la mode, j'ai bien regardé les robes que portaient les filles et je peux t'assurer que les tiennes comme les miennes sont tout à fait à la mode. J'en ai vu de pareilles aux nôtres dans les grands magasins. Nous n'avons rien à leur envier.

Un jour que je me promenais avec Mme Poquelin, rue de la Paix, j'ai aperçu dans une vitrine de la place Vendôme une magnifique paire de gants noirs. Alors je me suis souvenue de Jacqueline, notre camarade française, et de ses gants que tu admirais tellement. Tu avais tant envie d'en avoir comme les siens. Je suis entrée et te les ai pris. J'espère qu'ils te plairont.

En ce moment, je suis à la terrasse d'un café, rive gauche. Je suis entourée de Français, mais il y a aussi beaucoup d'étrangers. Paris est vraiment une ville cosmopolite. D'où je suis, je peux voir la vieille église de Saint-Germain-des-Prés. Je me trouve entre la Sorbonne et l'école des Beaux-Arts. Les rues de Paris sont bondées de voitures et les Parisiens roulent très vite. Ils sont toujours pressés et je les comprends bien, il y a tant de choses à voir et à faire ici. Entre le théâtre, les concerts, les musées, nous n'avons jamais le temps de nous ennuyer. Nous avons fait la connaissance de gens très gentils qui nous sortent et nous font découvrir des tas de choses passionnantes et extraordinaires. Je lis beaucoup de livres, en français bien sûr. J'en ai acheté quelques-uns mais mon amie Blanche m'en a prêté plein. Son grand-père et elle ont une belle bibliothèque. En lisant deux heures par jour, je fais beaucoup de progrès.

J'imagine que tu as déjà quitté la ville pour te rendre dans ta villa au bord de la mer. Peux-tu me donner des nouvelles des autres? Jeanne a-t-elle commencé ses examens? Louise et Suzanne ont-elles terminé les leurs? Et toi? Tu as sûrement passé les tiens avec succès. Ton père t'a-t-il acheté une jolie voiture comme la mienne? J'attends avec impatience de vos nouvelles.

Je t'embrasse, Pierre aussi.

Marie

빠리, 7월 1일

사랑하는 엘렌느에게,

 내가 출발하기 전에 우리는 서로 장문의 편지를 쓰고 모든 것에 대해 이야기하기로 서로 약속했었지. 그러나 어떻게 너에게 나의 여행, 나의 빠리에서의 생활, 나의 프랑스인 친구들과의 만남 등과 같은 이 모든 것을 단 한 통의 편지 안에 쓸 수 있을까? 그리고 무엇부터 이야기하기 시작해야 할까? 정말 골치 아픈 일이야.

 무엇보다도 유행부터 시작하자. 나는 소녀들이 입은 드레스를 보았는데, 나의 것과 마찬가지로 너의 드레스들도 완전히 이곳의 유행을 따르고 있더라고. 백화점에서 우리의 것과 똑같은 드레스들을 보았어. 우리가 그녀들에게 부러워 해야할게 전혀 없어.

 뽀끌랭 부인과 빼 거리에서 산책하던 어느 날, 나는 방돔 광장의 쇼윈도에서 눈에 띄는 검정 장갑 한쌍을 보았단다. 그때 우리의 프랑스인 학급 동료인 자끌린이 생각났고 네가 너무나 부러워하던 그녀의 장갑이 생각났어. 네가 그녀의 것과 같은 장갑을 무척 갖고 싶어 했잖아. 나는 들어가서 너를 위해 그 장갑을 샀단다. 그 장갑이 네 마음에 들기를 바란다.

 지금 나는 쎄느강 좌안에 위치한 카페의 테라스에 있어. 나는 프랑스인들에 둘러싸여 있지만 많은 외국인도 있어. 빠리는 정말 국제적인 도시야. 내가 있는 곳으로부터, 나는 쎙-제르맹-데-프레라는 오래된 교회를 볼 수 있어. 나는 쏘르본 대학과 보자르 대학 사이에 있어. 빠리의 거리들은 차들로 붐비고 빠리 사람들은 운전을 굉장히 빨리한단다. 그들은 항상 바빠. 하지만 나는 그들을 이해할 수 있을 것 같아. 이곳에는 할것과 볼것이 너무나 많아. 극장과 콘서트장, 박물관 사이에서 우리는 전혀 지루해 할 시간이 없어. 나는 우리가 산책하도록 도와주고 재미있고 특별한 것을 발견할 수 있도록 해주는 친절한 사람들을 많이 만났어. 나는 많은 책들을 읽고 있어, 물론 프랑스어로. 나는 그 책들 중에 몇 권을 샀지만 대부분의 책들은 나의 친구인 블랑슈가 빌려주었어. 그녀의 할아버지와 그녀는 정말 아름다운 서재를 가지고 있어. 하루에 두 시간씩 독서를 하면서 나는 많은 발전을 하고 있어.

나는 네가 이미 바닷가에 있는 너의 별장으로 가기 위해서 도시를 떠났을 거라 생각해. 나에게 다른 아이들의 소식을 들려줄 수 있지? 쟌느는 시험을 시작했니? 루이즈와 쉬잔은 그녀들의 시험을 끝냈지? 그리고 너는? 너는 아마도 너의 시험을 성공적으로 끝냈을 거야. 너의 아버지는 너에게 나의 것과 똑같은 예쁜 자동차를 사주셨니? 너희들의 소식들을 초조하게 기다리고 있어.

너에게 안부 전하고, 삐에르 역시 안부 전한다.

마리

le départ : 출발 (동사형 partir ↔ arriver 명사형 l'arrivée)

se promettre de ~ : ~에 대하여 서로 약속하다 (주어가 복수일때)

puis : pouvoir 동사의 제 2형 (주어가 Je 일때 주로 쓰인다.)

commencer par ~ : ~부터 시작하다

un casse-tête : 두통거리, 골칫거리, 해결하기 힘든 일

tout d'abord : 우선, 무엇보다도 (tout 는 강조)

la mode : 유행, 패션 (le mode 방법, 방식)

assurer : 확신하다

tout à fait : 완전히

à la mode : 유행을 따르고 있는

envier : 부러워하다

un jour que ~ : ~한 날에

une paire de ~ : 한 쌍의 ~, 한 벌의~, 한 켤레의~

admirer : 감탄해 하다

tellement : 그토록, 무척 (= tant)

plaire à qn : ~의 마음에 들다

entouré de ~ : ~로 둘러싸여 있는

cosmopolite : 세계적인, 국제적인

d'où je suis ~ : 내가 있는 곳에서 부터

bondé de ~ : ~로 가득찬, ~로 넘쳐 흐르는

pressé : 바쁜 (= occupé)

des tas de ~ : 수많은 ~

extraordinaire : 특이한, 독특한, 놀라운

quelques-uns : 몇몇의, 몇 개의 (여성형은 quelques-unes)

plein de ~ : 많은~

le progrès : 발전

se rendre à 장소 : ~에 가다 (= aller)

la villa : 별장

avec impatience : 초조하게

la nouvelle : 소식

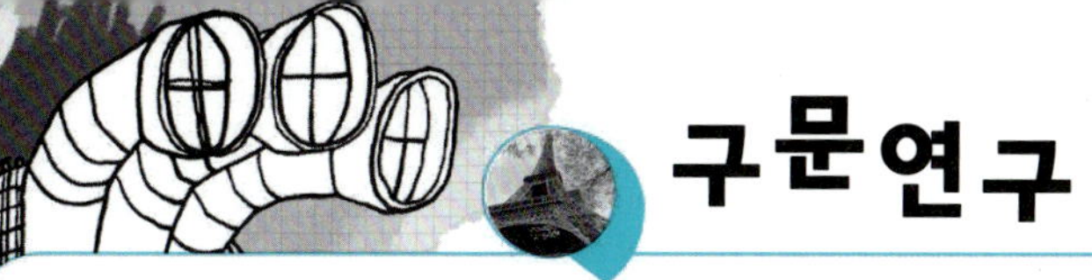

❶ 상호적 대명동사

주어가 복수일 경우에 대명동사를 쓰면 주로 상호적 대명사로 쓰인다.

Avant mon départ, <u>nous nous</u> étions promis de <u>nous</u> écrire de longues lettres et
de tout nous dire.
내가 출발하기 전에 <u>우리는 서로</u> 장문의 편지를 쓰고 모든 것에 대해 이야기하기로
<u>서로</u> 약속했었지.

❷ 관계절에서의 명사 주어와 동사의 도치 구문

관계절에서 명사가 주어일때 동사와 도치되는 경우가 더 세련된 표현이다.

J'ai bien regardé les robes que <u>portaient les filles</u>.
<u>소녀들이 입고있는</u> 드레스들을 잘 봤었다.

❸ 소유대명사

앞에서 한번 나온 명사를 소유의 의미로 다시 받을 때에는 소유대명사를 쓴
다. 소유대명사의 인칭은 소유자에게 일치시켜 주고, 성과 수는 피소유물에
일치시켜 준다.

le mien - la mienne - les miens - les miennes
le tien - la tienne - les tiens - les tiennes
le sien - la sienne - les siens - les siennes

le nôtre - la nôtre - les nôtres - les nôtres
le vôtre - la vôtre - les vôtres - les vôtres
le leur - la leur - les leurs - les leurs

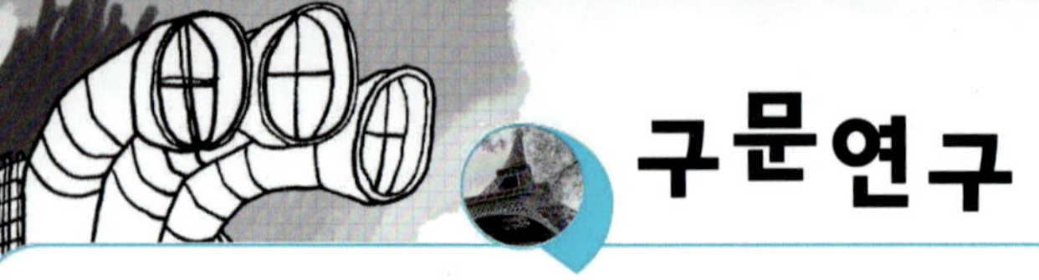

- Sa maison est bâtie : <u>la nôtre</u> est encore en construction.
그의 집은 다 지어졌다. 우리의 것은 아직도 건축중이다.

la nôtre는 notre maison을 소유 대명사의 표현으로 바꾼 것이다.

- Je peux t'assurer que <u>les tiennes</u> comme <u>les miennes</u> sont tout à fait à la mode. J'en ai vu de pareilles <u>aux nôtres</u> dans les grands magasins.

본문에서 les tiennes 은 tes robes를, les miennes은 mes robes 를 대신해 받고 있다. 또한 aux nôtres는 à les nôtres의 축약 형태로 à nos robes를 대신한다.

- Tu avais tant envie d'en avoir comme <u>les siens</u>.
본문에서 les siens은 ses gants을 대신해서 받는 소유대명사이다.

❹ 중성대명사 en

중성대명사 en 다음에 수의 의미가 나올 경우에는 '그것 중에서 몇몇' 의 의미로 번역한다.

- J'en ai acheté <u>quelques-uns</u> mais mon amie Blanche m'<u>en</u> a prêté <u>plein</u>.
나는 <u>그것 몇 권</u>을 샀지만 내 친구 블랑슈가 나에게 <u>그것들 중의 많은 것들</u>을 빌려 주었다. - 본문에서 en은 모두 책을 받는 중성대명사이다.

❺ 중성대명사 en으로 명사를 받고 복수 형용사의 뜻까지 남겨둘 때에 는 de를 항상 같이 써주어야 한다.

J'ai vu <u>de</u> pareilles robes aux nôtres.
나는 우리들의 것과 똑같은 옷들을 보았다.

→ J'en ai vu de pareilles aux nôtres.

J'ai mangé de bons fruits. 나는 맛있는 과일들을 먹었다.

→ J'en ai mangé de bons.

cf J'ai vu des maisons blanches. 나는 하얀 집들을 보았다.

→ J'en ai vu de blanches.

이처럼 복수 형용사가 중성 대명사 en을 꾸밀 경우에 관사가 des라 할지라도 de로 변해야 한다.

📑 **grâce à - :** ~덕택에

Grâce à Julien, j'ai pu me faire comprendre dès mon arrivée à Paris.
쥘리앙 덕분에 내가 빠리에 도착하자마자 내 자신을 이해시킬 수가 있었다.

📑 **à la +국가의 여성 형용사형 :** ~나라 식의, ~나라 풍의

C'est un jardin à la française. 그것은 프랑스풍의 정원이다.
C'est un restaurant à la française. 그것은 프랑스 레스토랑이다.

📑 **hésiter à + inf :** ~하기를 주저하다

N'hésite pas à me demander n'importe quoi quand tu m'enverras un e-mail.
네가 나에게 이메일을 보낼 때 주저하지 말고 무엇이든지 부탁해.

📑 **tenir ma promesse :** 약속을 지키다

Je tiens ma promesse comme tu tiendras la tienne.
네가 약속을 지킬 것이기 때문에 나도 약속을 지키는거야.

📑 **l'autre jour :** 언젠가, 어느 날인가

Je me suis souvenue de toi tout à coup quand elle m'a conduite l'autre jour, rue de la Paix.
그녀가 언젠가 나를 빼 거리로 데리고 갔었을 때 갑자기 네가 생각이 났어.

3

Vous allez voir comment on fabrique des automobiles.

 미리 들어 보세요.

C'est pourquoi il avait à cœur de visiter l'une des usines Renault.

Je vous ferai signe quand il m'aura indiqué la date de la visite.

C'est ici même qu'est née la première Renault, en 1899.

En ce temps-là, Louis Renault n'était alors aidé que d'un seul ouvrier.

C'est incroyable. Qu'il y ait autant d'usines!

C'est ici que sont conçues les nouveaux modèles.

Et il m'a fait promettre de lui rapporter un maximum de renseignements concernant votre compagnie.

Je vais vous donner un petit guide qui a été rédigé par notre bureau d'études à l'intention de nos visiteurs.

Ça devra combler la curiosité de votre ami.

Comme vous n'êtes pas sans le savoir, l'automobile est l'un des fleurons de l'industrie française.

Pierre s'intéresse beaucoup à la mécanique et il avait promis à son ami Henri de lui envoyer toutes les informations qu'il pourra trouver sur les usines d'automobiles françaises. C'est pourquoi il avait à cœur de visiter l'une des usines Renault.

M. Poquelin avait pour ami un ingénieur qui travaillait chez ce constructeur. Il avait dit à Pierre:

- J'ai un ami qui est ingénieur chez Renault. Je suis sûr qu'il sera ravi de vous faire visiter son usine. Je vous ferai signe quand il m'aura indiqué la date de la visite.

Pierre et Marie, accompagnés de M. Poquelin, ont donc été invités par M. Ledoux à visiter le Technocentre de Guyancourt. A l'étonnement des visiteurs, l'ingénieur leur avait fixé rendez-vous devant un modeste atelier, très différent des autres bâtiments, grands et modernes.

Après avoir fait la connaissance des deux jeunes gens, M. Ledoux leur a dit:

- On se doit de commencer par cet atelier. C'est une reproduction, mais tout y est d'époque, nous n'avons absolument rien changé. C'est ici même qu'est née la première Renault, en 1899 (mil huit cent quatre-vingt-dix-neuf). En ce temps-là, Louis Renault n'était alors aidé que d'un seul ouvrier.

L'ingénieur les a ensuite emmenés dans son bureau. Plusieurs cartes étaient fixées au mur. Sur la première, étaient indiqués tous les sites français du constructeur, la deuxième carte ne semblait pas être achevée. M. Ledoux leur a expliqué:

- Comme vous le constatez, la deuxième carte n'est pas finie. Ma secrétaire y localise les différentes usines dans le reste du monde. On en a un peu partout maintenant: en Europe, en Amérique du Sud, en Afrique, et jusqu'en Asie.

La troisième carte, elle, représentait les ateliers et les bureaux du site de Guyancourt.

Marie : C'est incroyable. Qu'il y ait autant d'usines!

M. Ledoux : Oui mademoiselle, et vous êtes ici au Technocentre, l'un des lieux les plus importants. C'est ici que sont conçus les nouveaux modèles.

Pierre : S'il vous plaît, monsieur, pouvez-vous me donner quelques chiffres avant d'aller visiter les ateliers? J'ai un ami qui travaille dans l'industrie automobile dans mon pays et il m'a fait promettre de lui rapporter un maximum de renseignements concernant votre compagnie.

M. Ledoux : Je vais vous donner un petit guide qui a été rédigé par notre bureau d'études à l'intention de nos visiteurs. Vous y trouverez toutes les informations possibles et inimaginables. Ça devra combler la curiosité de votre ami. A présent, suivez-moi. Vous allez voir comment on fabrique des automobiles. Comme vous n'êtes pas sans le savoir, l'automobile est l'un des fleurons de l'industrie française.

삐에르는 기계학에 대해 관심이 많고 친구인 앙리에게 프랑스 자동차 회사에 관해 찾을 수 있는 모든 자료를 보내주겠다고 약속했다. 그래서 그는 르노의 공장들 중에 한 곳을 방문하길 희망한다.

뽀끌랭씨는 이 자동차 제조업체에서 일하고 있던 한 기술자를 친구로서 갖고 있었다. 그는 삐에르에게 다음과 같이 말했다.

- 저는 르노사에서 기술자로 있는 친구 하나가 있습니다. 그는 당신들에게 공장 구경을 시켜주도록 하는 것을 굉장히 기쁘게 생각할 거라고 저는 확신합니다. 그가 나에게 방문 일자를 알려주면 내가 당신들께 알려 드리겠습니다.

뽀끌랭씨를 동반한 삐에르와 마리는 그렇게 르두씨에 의해 기양꾸르의 기술 센터에 방문토록 초대받았다. 방문객에 놀란 그 기술자는 그들에게 크고 현대적인 다른 건물들과는 매우 달라 보이는 보잘 것 없는 작업장 앞에서 약속을 잡았다.

두 젊은이들과 인사를 나눈 후 르두씨는 그들에게 다음과 같이 말했다.

- 우리는 이 작업장부터 둘러보기 시작해야 합니다. 이곳은 그 당시의 모습을 그대로 재현한 것이지만 작업장의 모든 것은 그 당시의 것이며 우리는 어떠한 것에도 변화를 주지 않았습니다. 바로 여기에서 1899년에 르노의 첫 번째 자동차가 생산되었습니다. 그 당시에 루이 르노는 단 한 사람의 기술자에 의해서만 도움을 받았습니다.

그 기술자는 이어서 그들을 사무실로 데리고 갔다. 여러 개의 지도들이 벽에 부착되어 있었다. 첫번째 지도에는 그 제조사의 모든 공장 부지들이 표시되어 있었다. 그리고 두번째 지도에는 아직 완성되지 않은 것 같았다. 르두씨는 그들에게 설명했다.

- 이미 보신 바와 같이 아직 두 번째 지도는 완성되지 않았습니다. 나의 비서가 그 지도상에 세계 전역에 있는 다른 공장들을 표시할 것입니다. 지금 우리는 공장들을 여기저기에 가지고 있습니다. 유럽, 남미, 아프리카 그리고 아시아에 이르기까지.

세 번째 지도는 기양꾸르의 사무실과 작업장들을 표시하고 있었다.

마리: 이렇게 많은 공장들이 있다니 정말 놀랍군요!

르두 씨: 예, 마드므와젤, 그리고 당신은 지금 우리 회사의 가장 중요한 부분 중의 하나인 기술 센터에 있습니다. 바로 여기에서 새로운 모델들이 고안됩니다.

삐에르: 죄송합니다만, 혹시 작업장들로 가기 전에 몇몇 수치들을 제공해주실 수 있습니까? 우리나라에서 자동차 산업 분야에서 종사하고 있는 친구가 하나 있는데 제가 그에게 당신 회사에 관한 최대한 많은 자료들을 보내주기로 약속했습니다.

르두 씨: 방문객들을 위해 연구실에서 발간한 작은 소책자를 드리겠습니다. 그 책자에서 당신은 가능한 정보들과 상상할 수 없는 모든 정보들을 확인하실 수 있을 겁니다. 그것이 당신 친구의 궁금증을 충족시켜 드릴 수 있을 것임에 틀림없습니다. 지금, 저를 따라오십시오. 당신은 자동차를 어떻게 생산하는지를 보시게 될 것입니다. 자동차 분야는 프랑스 산업의 꽃 중에 꽃이라는 사실을 모르실리 없으시겠지요.

s'intéresser à : ~에 흥미가 있다

la mécanique : 기계학

avoir qc à cœur de ~ : ~에 관심을 갖다, ~하고 싶어하다

pour + 무관사 명사 : ~로서

le constructeur : 제작자, 건설자

ravi de inf : 무척 ~하고 싶어하는

faire signe à qn : ~에게 알리다, ~에게 손짓하다

à l'étonnement de qn : ~의 예상과는 달리, 놀랍게도

fixer rendez-vous à qn : ~와 만날 약속을 하다 (= donner rendez-vous à qn)

modeste : 하찮은, 검소한, 겸손한

se devoir de inf : ~할 의무가 있다

commencer par ~ : ~부터 시작하다

la reproduction : 재현, 복제품

d'époque : 그 시대의, 실제로

le site : 지역, 사이트

achevé : 완성된

constater : 확인하다

localiser : 위치를 정하다

incroyable : 믿을 수 없는

le lieu : 장소, 곳

conçu : 생각되어진, 고안된

le chiffre : 숫자

rapporter : 가져가다

concernant : ~에 관한

rédiger : 작성하다, 요약하다

à l'intention de ~ : ~에 대하여

inimaginable : 놀라운, 상상할 수 없는

combler : 채우다

comme : ~처럼, ~때문에, ~할 때

le fleuron : 가치있는 것, 중요한 것

구문연구

① 수동태

대다수의 프랑스어 타동사들은 모든 시제에 있어서 과거분사 앞에 조동사 être를 놓음으로써 수동태 문장으로 만들 수 있다. 수동태 문장의 시제는 être의 시제가 결정한다.

즉, être 동사 + 과거분사 + par(de) qn. 의 형태를 취한다. 과거분사는 항상 주어의 성과 수에 일치시킨다.

Pierre et Marie, accompagnés de M. Poquelin, <u>ont</u> donc <u>été invités</u> par M. Ledoux à visiter le Technocentre de Guyancourt.

동작주 보어를 이끌어 주는 전치사 par는 내용이 구체적이고 일시적일때, 전치사 de는 내용이 추상적이고 지속적일때 쓴다.

Cette maison a été bâtie <u>par</u> ces ouvriers.
이 집은 저 노동자들에 의해서 지어졌다. (구체적)

Elle est aimée <u>de</u> tout le monde.
그녀는 모든 사람들에 의하여 사랑 받고 있다. (추상적)

② 수동태 문장의 시제

❶ Ils <u>fabriquent</u> cette automobile.
→ Cette automobile <u>est</u> fabriquée par eux. 현재

❷ Il <u>fabriquera</u> cette automobile.
→ Cette automobile <u>sera</u> fabriquée par lui. 단순미래

❸ Il <u>fabriquait</u> cette automobile.
→ Cette automobile <u>était</u> fabriquée par lui. 반과거

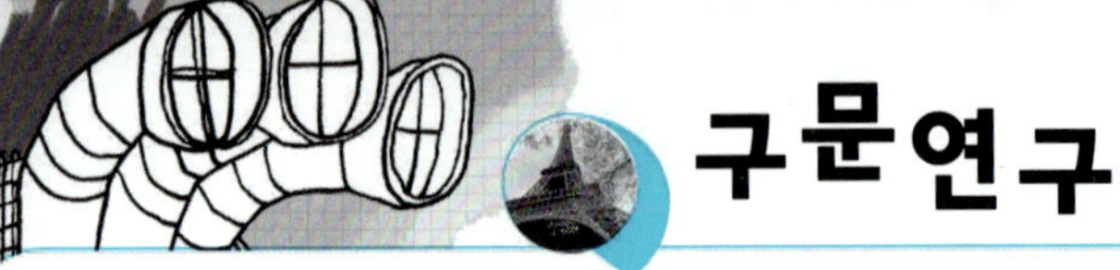

❹ Il <u>a fabriqué</u> cette automobile.

→ Cette automobile <u>a été</u> fabriquée par lui. 복합과거

❺ Il <u>aura fabriqué</u> cette automobile.

→ Cette automobile <u>aura été</u> fabriquée par lui. 전미래

❼ Il <u>avait fabriqué</u> cette automobile.

→ Cette automobile <u>avait été</u> fabriquée par lui. 대과거

❸ 수동태와 능동태의 문장을 구별할 수 있어야 한다.

Il <u>est allé</u> en France. - aller 동사는 타동사가 아니며 과거를 만들때 원래 조동사 être를 취한다.

Le champion <u>est encouragé</u> par les spectateurs.
챔피언이 관람객들에 의해서 격려받고 있다.

❹ 능동태에 있어서의 목적어는 수동태의 주어가 되며, 능동태에 있어서의 주어는 수동태에 있어서 동작주 보어가 된다.

Il <u>les</u> a fabriqué<u>es</u>. 능동태 복합과거

→ <u>Elles</u> ont été fabriquées par lui. 수동태 복합과거

위의 예문에서 les는 과거분사 일치로 보아 여성복수이기 때문에 수동태의 주어로 Elles 이 된 것이며, Il은 수동태에 있어서 동작주 보어 lui가 된 것이다. (전치사 다음에는 강세형으로 쓰이기 때문에)

❺ 수동태의 동작주 보어는 능동태의 주어가 **on**일때 흔히 생략한다.

<u>On</u> accepte ici les campeurs. 사람들은 이곳에 캠핑하는 사람들을 받아들인다. → Les campeurs sont acceptés ici.

그러므로 수동태에 있어서 동작주 보어가 없는 문장을 능동태로 바꿀때에는
주어를 On으로 한다.

La jupe courte sera beaucoup portée l'été prochain.
짧은 스커트는 다음 여름에 많이 입혀질 것이다.

→ <u>On</u> portera beaucoup la jupe courte l'été prochain.

그러나 위의 수동태 구문에서처럼 동작주 보어가 없을때, 흔히 수동적 대명
동사로 바꾸어 쓸 수 있다.

La jupe courte <u>se portera</u> beaucoup l'été prochain.

❻ 수동태의 의문문 문장 연습

Où est-ce qu'elle était invitée?
→ Où est-ce qu'on l'invitait?

Pourquoi est-ce qu'il ne sera pas invité?
→ Pourquoi est-ce qu'on ne l'invitera pas?

Où aviez-vous été invitée?
→ Où vous avait-on invitée?

Quand a-t-elle été invitée?
→ Quand l'a-t-on invitée?

❼ 강조 구문

주어 강조 : C'est ~ qui + 동사
주어이외의 것을 강조 : C'est ~ que 주어 + 동사

C'est moi qui l'a décidé. 그것을 결정한 것은 바로 나이다.

C'est ici que sont conçus les nouveaux modèles.
새로운 모델들이 고안되어 지고 있는 곳이 바로 여기이다. - 주어, 동사 도치 구문

❽ 주격 관계 대명사 qui

선행사로 사람, 사물을 다 취할 수 있다.

J'ai un ami qui travaille dans l'industrie automobile dans mon pays.

Elle a un chien qui est très gentil.
그녀는 매우 얌전한 강아지 한 마리를 가지고 있다.

❾ avoir의 접속법 현재 ait (3인칭 단수형)

C'est incroyable. Qu'il y ait autant d'usines!
믿을 수가 없네요. 이렇게도 많은 공장들이 있다니!

Il est incroyable que + 접속법 : ~을 믿을 수 없다

접속법은 뒤에서 다시 다루기도 한다. (18과 참고)

La privatisation a-t-elle eu une grande influence sur la culture d'entreprise?

 미리 들어 보세요.

Dans celui-ci, on y faisait chauffer le métal pour le faire fondre.

On doit se sentir épuisé après une journée de travail dans cette grande chaleur.

Et puis les employés de la fonderie bénéficient d'une durée de travail hebdomadaire moins importante, tout en étant rémunéré à un taux horaire plus élevé.

Ils sont également vêtus de vêtements ininflammables.

Regardez, les moteurs vont d'un automate à l'autre, aucun ouvrier n'y intervient.

Nous ne comptons que quelques opérateurs qui surveillent le bon fonctionnement des robots.

Il en sort une voiture toutes les deux minutes.

La privatisation a-t-elle eu une grande influence sur la culture d'entreprise?

Pendant que M. Ledoux tentait d'apaiser la curiosité de Pierre, Marie était sortie pour avoir une vue d'ensemble des bâtiments.

Après avoir présenté son bureau, l'ingénieur a guidé les trois visiteurs vers un autre atelier. Dans celui-ci, on y faisait chauffer le métal pour le faire fondre. C'était la fonderie, il y faisait extrêmement chaud.

- On doit se sentir épuisé après une journée de travail dans cette grande chaleur, a dit Marie.

- Il est vrai que le travail dans de telles conditions est pénible, mais on s'y habitue, a répondu M. Ledoux. Et puis les employés de la fonderie bénéficient d'une durée de travail hebdomadaire moins importante, tout en étant rémunéré à un taux horaire plus élevé. Afin de minimiser les accidents du travail, les règles de sécurité sont strictement respectées. Comme vous pouvez le constater, tous les employés portent des lunettes de protection car il y a de nombreux projectiles. Ils sont également vêtus de vêtements ininflammables.

La visite s'est poursuivie dans l'atelier des moteurs, et M. Ledoux leur a expliqué:

- La production est presque entièrement automatisée ici. Regardez, les moteurs vont d'un automate à l'autre, aucun ouvrier n'y intervient. Nous ne comptons que quelques opérateurs qui surveillent le bon fonctionnement des robots.

Puis les visiteurs sont passés devant l'atelier d'essai des moteurs. Pierre y est entré seul car le bruit y était très fort et Marie avait préféré attendre à l'extérieur.

M. Ledoux : Voici le dernier atelier que nous allons visiter. Il en sort une voiture toutes les deux minutes. Mademoiselle, vous n'êtes pas trop fatiguée? Habituellement les jeunes filles s'ennuient vite chez nous.

Marie : Non, absolument pas. C'est tout à fait passionnant.

Pierre : Si nous continuions? Dites-moi, vous employez combien d'ouvriers sur ce site? La privatisation a-t-elle eu une grande influence sur la culture d'entreprise?

Pendant que M. Ledoux tentait d'apaiser la curiosité de Pierre, Marie était sortie pour avoir une vue d'ensemble des bâtiments.

사무실을 소개한 후에 그 기술자는 세 방문객을 다른 작업장으로 안내했다. 이 작업장에서 사람들은 쇠를 녹이기 위해 쇠를 달구고 있었다. 이곳은 제련소이며 무척 더웠다.

– 이런 엄청난 더위 속에서 하루 일과를 끝마친 후에 사람들은 지칠것임에 틀림없습니다, 라고 마리는 말했다.

– 이런 환경에서의 업무는 매우 힘들다는 것은 사실이지만 사람들은 익숙해져 있습니다, 라고 르두 씨는 대답했다. 그리고 제련소 종업원들은 적은 노동 시간과 좀 더 인상된 시간 수당의 혜택을 받고 있습니다. 업무상의 부상을 최소화하기 위하여 안전 수칙은 엄격하게 준수되고 있습니다. 당신들이 확인하실 수 있듯이 모든 종업원들은 수많은 파편들이 있기 때문에 보호 안경을 착용해야 합니다. 또한 방화복을 입고 있습니다.

모터 제작 작업장 방문으로 이어졌고 르두 씨는 그들에게 다음과 같이 설명했다.

– 여기에서 모터의 제작은 거의 자동화되어 있습니다. 보세요, 모터들이 자동 장치 기계 사이를 오가고 있지만 어떠한 노동자도 거기에 관여하지 않고 있습니다. 우리는 로봇의 올바른 작동을 감시하는 몇몇의 조작자들 만을 셀 수 있습니다.

그러고 나서, 방문객들은 모터 시험 작업장 앞으로 지나갔다. 소음이 너무 심했기 때문에 삐에르는 그 작업장으로 들어갔지만 마리는 밖에서 기다리길 더 좋아했다.

M. Ledoux: 여기가 바로 우리가 방문할 마지막 작업장입니다. 이 작업장에서 2분마다 한 대 꼴로 자동차가 출고됩니다. 마드므와젤, 피곤하지 않으십니까? 보통, 젊은 소녀들은 우리 공장에서 지루함을 빨리 느끼지요.

Marie: 아니요, 절대 아닙니다. 무척 흥미롭습니다.

Pierre: 우리 계속할까요? 이 지역에서는 몇 명의 노동자들을 고용하고 계시나요? 민영화가 기업 문화에 막대한 영향을 끼쳤나요?

르두 씨가 삐에르의 궁금증을 풀어주기 위해 노력하고 있는 동안에 마리는 건물들의 전체 모습을 보기 위해 작업장에서 부터 이미 나와 있었다.

fabriquer : 제조하다, 제작하다

guider : 인도하다, 안내하다

chauffer : 데워지다, 뜨거워지다, 덥히다

fondre : 녹이다

la fonderie : 제련소, 용광로

extrêmement : 극도로, 매우

épuisé : 고갈된, 기진맥진한

la chaleur : 더위, 열기

Il est vrai que ~ : ~은 사실이다

tel, telle : 이러한, 그러한

pénible : 힘든, 모진

s'habituer à ~ : ~에 익숙해지다

bénéficier de ~ : ~의 혜택을 받다, ~을 받다

la durée : 기간

hebdomadaire : 주간의, 일주일의

important, e : 다량의, 다수의, 중요한

rémunérer : 급여를 지급하다

le taux : 비율

horaire : 시간급의, 시간의

élevé : 높은

afin de inf : ~하도록

minimiser : 최소화하다, 극소화하다

strictement : 엄격하게

constater : 확인하다

le projectile : 방사물, 발사체

également : 역시

vêtu de ~ : ~을 차려입은, ~을 입고있는

ininflammable : 불에 타지 않는

automatiser : 자동화되다

l'automate (m.) : 로봇, 자동 인형

intervenir à : ~에 관여하다, ~에 간섭하다

compter : 셈하다

l'opérateur, -trice : 조작자

surveiller : 감시하다, 감독하다

le fonctionnement : 작동

Il sort + 명사 : (비인칭) ~이 나오다, ~이 제작되다

habituellement : 평상시에, 보통

employer : 고용하다, 이용하다

le site : 지역, 위치

la privatisation : 민영화, 사기업화

la culture de l'entreprise : 기업 문화

tenter de inf : ~를 시도하다, ~를 노력하다

apaiser : 진정시키다

la vue : 전망, 경관

l'ensemble (m.) : 전체, 조화

구문연구

❶ Après + 부정법 과거

뜻 자체가 '~한 후' 이므로 항상 주절보다 한 시제 앞선다.

Après avoir présenté son bureau, l'ingénieur a guidé les trois visiteurs vers un autre atelier.
자신의 사무실을 소개한 후에 기술자는 3명의 방문객들을 다른 작업장으로 인도했다.
- 주절이 복합 과거이므로 여기에서는 대과거의 의미이다.

Après être sortie de son bureau, elle va au café voir son copain.
– 회사에서부터 나온 후에 그녀는 남자 친구를 만나러 까페에 가고 있다.

❷ 지시 대명사 celui, celle, ceux, celles

지시 대명사는 앞에서 한번 나온 명사를 다시 받으며 뒤에 -ci 나 -là를 붙여서 원근을 나타내기도 한다.

Après avoir présenté son bureau, l'ingénieur a guidé les trois visiteurs vers un autre atelier. Dans celui-ci, on y faisait chauffer le métal pour le faire fondre.

❸ Gérondif 앞에 붙이는 tout

제롱디프 의미를 강조할 때 쓰이나 이럴 경우의 tout는 우리 나라말로 번역할 적당한 표현은 없다. 그냥 강조의 의미로 이해하면 된다.

Et puis les employés de la fonderie bénéficient d'une durée de travail hebdomadaire moins importante, tout en étant rémunéré à un taux horaire plus élevé.

Elle travaille toujours tout en écoutant de la musique.
그녀는 항상 음악을 들으면서 공부한다.

④ 청유의 표현 - ~할까요?

Si + 반과거? 는 주어가 On이나 Nous일때 청유를 나타낸다.

Si nous continuions? 계속할까요?
Et si on allait au cinéma? 영화관에 갈까?

📖 명사 + inf : ~해야 할, ~할

Il y a tant de choses à voir et à faire en France.
프랑스에서는 보고 해야 할 것이 너무나 많아.

📖 appartenir à +inf : ~의 것이다 (= être à -)

Ces livres ne m'appartiennent pas tous.
이 책들은 모두 내 것이 아냐.

📖 prévenir qn de qc [que +ind.] : ~에게 ~를 알리다

Je vous préviens qu'elles ne pourront pas venir ici.
그녀들이 여기에 오지 않을 것이라는 것을 당신에게 알려드립니다.

📖 à l'intention de - : ~를 위하여, ~에 대해서

Je vous donnerai un petit cadeau que j'ai préparé à l'intention des visiteurs.
제가 방문객들을 위해서 준비해 놓은 조그만 선물을 당신에게 드리겠습니다.

📖 manquer de +무관사 명사 : ~이 부족하다

Je manque d'exercice. 저는 연습이 부족합니다.
Je manque de prudence. 저는 신중성이 부족합니다.

Leçon 5

Je n'y vois plus rien.

🔵·· 미리 들어 보세요.

Aïe, s'est écriée Marie, elle a baissé la tête et s'est couvert l'œil de sa main.

Vite, aidez-moi. Je n'y vois plus rien.

Une infirmière a pris en charge Marie et l'a conduite chez le médecin.

Vous avez eu de la chance mademoiselle, ça aurait pu être beaucoup plus grave.

Fort heureusement il n'a pas fait de dégâts, juste une très légère éraflure qui explique le saignement.

Ne vous en faites pas, ça ne sera pas long.

N'ayez pas peur, vous ne sentirez rien ou tout au plus un léger picotement.

L'opération n'a duré que quelques secondes.

Abstenez-vous de toute lecture dans les jours à venir, et tout ira bien.

Je n'y vois plus rien.

-Aïe, s'est écriée Marie, elle a baissé la tête et s'est couvert l'œil de sa main.

- Qu'y a-t-il? Qu'est-ce qui se passe? ont demandé ensemble M. Ledoux, Pierre et M. Poquelin.

- J'ai une poussière dans l'œil. Ça fait mal. Vite, aidez-moi. Je n'y vois plus rien.

L'ingénieur a fait signe à une voiture qui approchait de s'arrêter de leur côté. M. Ledoux a parlé au chauffeur de la voiture.

-Vite! Conduisez-la à l'infirmerie, lui a-t-il dit en aidant Marie à monter dans l'auto.

M. Poquelin et Pierre se sont regardés et ils ont dit:

- Ne vous occupez pas de nous. Soignez d'abord Marie. Vous viendrez nous chercher quand ça ira mieux.

La voiture s'est très vite éloignée et en trois minutes ils sont arrivés à l'infirmerie de l'usine. Une infirmière a pris en charge Marie et l'a conduite chez le médecin. Après avoir examiné l'œil de la jeune fille, le médecin lui a dit:

- Vous avez reçu dans l'œil un copeau de métal. Vous avez eu de la chance mademoiselle, ça aurait pu êtrc beaucoup plus grave. Fort heureusement il n'a pas fait de dégâts, juste une très légère éraflure qui explique le saignement. Ne vous en faites pas, ça ne sera pas long. Je dois d'abord vous extraire le morceau de métal. N'ayez pas peur, vous ne sentirez rien ou tout au plus un léger picotement.

Il a dit ensuite à l'infirmière:

- Yvelines, conduisez cette jeune fille en salle dix.

Le médecin les a suivies, il a approché de l'œil de Marie un gros appareil. L'opération n'a duré que quelques secondes. Le médecin s'est adressé à la jeune fille d'une voix douce:

- Voilà mademoiselle, c'est fini. Tout s'est très bien déroulé. Faites attention à ne pas vous fatiguer les yeux et n'oubliez pas de porter des lunettes de soleil quand vous sortez. Abstenez-vous de toute lecture dans les jours à venir, et tout ira bien.

아야! 하고 마리가 소리 질렀다. 그녀는 머리를 숙이고 손으로 눈을 가렸다.

– 무슨 일이야? 무슨 일이 일어난거야? 라고 르두씨, 삐에르, 뽀끌랭 씨가 동시에 물었다.

– 눈에 먼지가 들어갔어요. 아프네요. 빨리, 도와주세요. 더 이상 아무것도 보이지 않아요.

그 기술자는 자동차를 향해 손짓을 하자 그 자동차가 그들 쪽으로 다가와서는 멈추었다. 르두 씨가 그 자동차의 운전자에게 말했다.

– 서둘러요! 그녀를 의무실로 데려가 주세요, 라고 말하면서 르두 씨는 마리가 차에 오르는 것을 도왔다.

뽀끌랭 씨와 삐에르는 서로를 바라보고 말했다:

– 우리한테 신경쓰지 마십시오. 우선 마리를 돌봐 주세요. 좀 나아지면 우리를 찾아오도록 하십시오.

자동차는 재빨리 멀어져 갔고 삼분 만에 그들은 공장의 의무실에 도착했다. 한 간호사가 마리를 맡아서 의사에게로 안내했다. 젊은 소녀의 눈을 관찰한 후에 의사는 그녀에게 이야기 했다:

– 당신의 눈에 쇳가루가 들어갔습니다. 당신은 운이 좋으셨습니다. 훨씬 더 심각할 수 있었습니다. 천만 다행으로 쇳가루는 큰 피해를 입히지 않고 눈의 출혈 흔적이 설명해주듯이 아주 가벼운 찰과상 정도를 남겼습니다. 두려워하지 마세요. 오래 걸리지는 않을 것입니다. 우선 눈에서 쇳조각을 제거해야 합니다. 겁내지 마세요. 아무 것도 느끼지 못하실 겁니다. 다만 약간의 따끔거림이 있을 것입니다.

더 이상 아무것도 보이지 않아요.

그리고 그는 간호사에게 다음과 같이 말했다.

– 이블린, 이 소녀를 10호실로 안내하세요.

의사는 그녀들을 따라와 마리의 눈에 큰 기계를 가까이 했다. 수술은 단지 몇 초 밖에 걸리지 않았다. 의사는 소녀에게 부드러운 목소리로 다음과 같이 말했다:

– 자, 이제 끝났습니다. 모든 것이 잘 진행되었습니다. 눈을 피곤하게 하지 마시고 외출 시에는 선글라스 착용을 잊지 마세요. 앞으로 며칠 동안은 모든 독서를 삼가하세요. 그러면 모든 것이 잘될 것입니다.

s'écrier : 소리치다 (본질적 대명동사)

baisser : 낮추다, 숙이다

se couvrir : 덮다, 가리다

se passer : 일어나다, 발생하다

la poussière : 먼지

faire mal : 아프게하다

y voir : 눈이 보이다

faire signe à ~ : ~에게 손짓하다

le chauffeur : 운전수

l'infirmière (f.) : 간호사 (une infirmerie : 의무실, 양호실)

s'occuper de ~ : ~를 돌보다, ~에 종사하다

soigner : 돌보다, 치료하다

prendre en charge qn : ~를 책임지다

le copeau : (금속 등의) 깎은 부스러기

les dégâts : 피해, 손해

l'eraflure (f.) : 찰과상, 긁힌 상처

le saignement : 출혈

s'en faire : 걱정하다, 근심하다

extraire : 뽑아내다, 추출하다

tout au plus : 기껏해야, 고작 (= au plus)

le picotement : 따끔 따끔한 느낌

l'opération (f.) : 수술, 작전

s'adresser à qn : ~에게 말을 걸다, ~에게 문의하다

se dérouler : 펼쳐지다, 전개되다

s'abstenir de ~ : ~을 삼가다

aurait : avoir 동사의 조건법 현재 3인칭 단수형. 뒤에 과거분사가 오면 조건법 과거로서 '과거의 추측'을 나타낸다. 조건법은 뒤에서 다시 다루기로 한다. (16 과 참고)

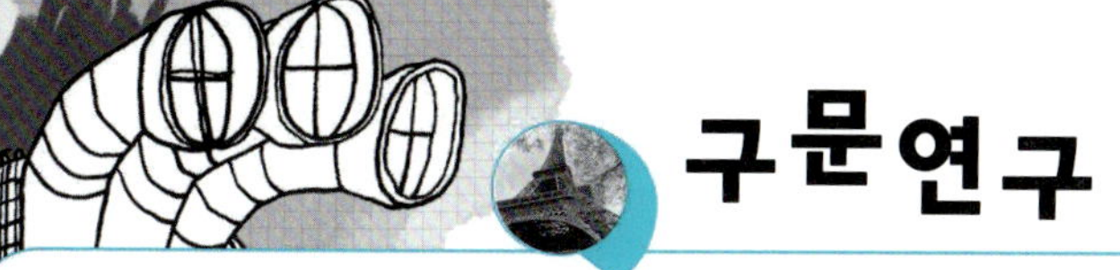

❶ 대명동사

대명동사에서 쓰이는 재귀 대명사는 다음과 같다. 각 인칭에 따라 다음과 같이 쓰인다.

je me lave   nous nous lavons

tu te laves   vous vous lavez

il se lave   ils se lavent

elle se lave   elles se lavent

대명동사의 복합 시제에는 조동사로 항상 être를 쓰며 과거분사의 일치는 se 가 직접으로 쓰일때에만 일치시킨다.

cf je me suis lavé, il s'est promené, elle s'est promenée

대명동사의 용법은 다음과 같이 4가지이다.

❶ **재귀적 용법** : 행위가 주어 자신에게 돌아가는 것을 말한다.

대명동사 뒤에 또 다른 직접 목적보어가 있으면 se는 항상 간접이고, 없을 시에는 항상 직접이다.

Elles se promènent. → Elles se sont promenées.
　　　ㄴ직접　　　　　　　　ㄴ직접　　　ㄴ일치

Elles se lavent les visages. → Elles se sont lavé les visages.
　　　ㄴ간접　　ㄴ직접　　　　　　ㄴ간접　　ㄴ불일치 ㄴ직접

❷ **상호적 용법** : 주어는 항상 복수이며 동사의 성질에 따라 se는 직접, 간접으로 쓰인다. 우리말로 번역될 때 보통 "서로를"이라고 쓰이면 se는 직접이고, "서로에게"라고 쓰이면 se는 간접이다.

Elles <u>se</u> regardent. 그녀들은 서로를 바라본다.
   ┗ 직접

→ Elles <u>se</u> sont regard<u>ée</u>s.
    ┗ 직접   ┗ 일치

Elles <u>se</u> parlent. 그녀들은 서로에게 이야기 한다.
   ┗ 간접

→ Elles <u>se</u> sont parlé.
    ┗ 간접   ┗ 불일치

예외 Elles <u>se</u> sont salu<u>ée</u>s. 그녀들은 서로에게 인사했다.
    ┗ 직접   ┗ 일치

  Elles <u>se</u> sont remerci<u>ée</u>s. 그녀들은 서로에게 감사했다.
    ┗ 직접   ┗ 일치

saluer 동사와 remercier 동사는 번역은 간접으로 하지만 동사의 성질상 항상 직접을 취하는 예외적인 동사들이므로 주의를 해야 한다.

❸ **수동적 용법** : 주어는 대개 3인칭 단, 복수 사물이고, se는 항상 직접이 되어 복합 시제에서 과거분사는 항상 주어에 일치시켜 주어야 한다.

Ces livres <u>se</u> vendent cher. 이 책들은 비싸게 <u>팔린다</u>.
     ┗ 직접

→ Ces livres <u>se</u> sont vend<u>us</u> cher.
     ┗ 직접   ┗ 일치

Ces automobiles <u>se</u> fabriquent chez Peugeot.
      ┗ 직접
이 자동차들은 푸조 공장에서 제조 <u>되어지고 있다</u>.

→ Ces automobiles <u>se</u> sont fabriqu<u>ée</u>s chez Peugeot.
     ┗ 직접   ┗ 일치

★ **수동적 대명동사와 수동태의 차이**

수동태는 동작주 보어를 필요로 하는 경우에 자주 쓰이고, 수동적 대명동사는 동작주 보어를 수반하지 않아도 될 경우에 많이 쓰인다.

Cette maison se voit de loin. 이 집은 멀리에서부터 보인다. - 이 경우에는 누구에 의하여서 멀리 보인다기 보다는, 항상 멀리에서부터 보이므로 동작주보어가 필요없다.

Cette carte sera dessinée par la secrétaire. 이 지도는 비서에 의하여 그려질 것이다. - 이 경우에는 그리는 사람, 즉 동작주 보어를 명확히 설명해 주는 경우이므로 동작주 보어를 필요로 한다.

❹ **본질적 용법** : 대명사 se가 아무런 뜻 없이 사용되어진다. 단어 자체가 원래부터 se를 필요로 하는 동사들을 말하며, se는 항상 직접으로 쓰여 과거분사를 주어의 성과 수에 일치시킨다.

Elle s'écrie. 그녀는 소리친다.
　　└ 직접

→ Elle s'est écriée.
　　　└ 직접　└ 일치

본질적 용법의 영역에 들어가는 것으로 숙어처럼 쓰이는 대명동사가 있는데, 이것들은 se가 항상 직접으로 쓰이는 것으로 과거분사를 항상 주어의 성과 수에 일치시킨다.

예　s'approcher de~ : ~에 가까이 가다

　　se moquer de~ : ~를 비웃다

　　s'occuper de~ : ~을 돌보다

　　s'intéresser à~ : ~에 흥미를 느끼다

　　se souvenir de~ : ~을 기억하다

　　se servir de~ : ~을 이용하다 등

Elle s'est souvenue de ce poème.
Elle s'est occupée de la jeune fille.

❷ 대명동사가 아닌 문장과의 비교

❶ Je les promène. 나는 그들을 산책시킨다.
❷ Elle se promène. 그녀는 산책한다.

❶의 경우에는 대명동사가 아니고, promener란 동사가 일반 타동사로 쓰인 경우이므로 복합시제로 해 줄때 avoir를 취한다.

Je <u>les</u> ai promené<u>s</u>. - avoir를 조동사로 하는 복합과거 문장에서 목적어가 앞으로 나갈 경우에 과거분사는 그 목적어에 일치 시켜준다.

❷의 경우에는 대명동사로 쓰인 것으로 조동사 être를 취해주며, 주어가 여성일 경우에 주어에 과거분사를 일치시킨다.

<u>Elle</u> s'est promené<u>e</u>.

❸ 대명동사 문장 연습

- Aïe, <u>s'est écriée</u> <u>Marie</u>, elle a baissé la tête et <u>s'est couvert</u> l'œil de sa main.

- M. Poquelin et Pierre <u>se sont regardés.</u>

- La voiture <u>s'est</u> très vite <u>éloignée.</u>

- Ne <u>vous en faites</u> pas, ça ne sera pas long. (s'en faire 근심하다)

- Le médecin <u>s'est adressé à</u> la jeune fille d'une voix douce.

- Tout <u>s'est</u> très bien <u>déroulé.</u>

- Faites attention à ne pas <u>vous fatiguer</u> les yeux.

- <u>Abstenez-vous de</u> toute lecture dans les jours à venir, et tout ira bien.

Leçon 6

Jamais je n'oublierai le jour où elle nous a quittés.

Car j'aime les auteurs engagés, ceux qui s'intéressent aux préoccupations de leurs congénères et qui n'hésitent pas à aborder les questions sociales et politiques.

Les écrivains modernes dont on parle ont un regard critique sur les problèmes politiques et sociaux de leur époque.

Je suis aussi abonnée à deux autres revues mensuelles, et je lis un hebdomadaire français.

Mais prenez-vous le temps de lire ces livres dont on parle dans toutes ces revues?

Il m'arrive fréquemment de penser à Simone Weil, mon amie défunte.

Par bonté et par amour pour les hommes elle a quitté sa vie calme et paisible pour celle des ouvriers d'usine.

Jamais je n'oublierai le jour où elle nous a quittés.

M. Thomasson: Voyez-vous, jeunes gens, en terme de littérature, je suis souvent tourné vers le passé, mais j'aime aussi lire les œuvres des écrivains contemporains. J'ai dans ma bibliothèque beaucoup de livres modernes car j'aime les auteurs engagés, ceux qui s'intéressent aux préoccupations de leurs congénères et qui n'hésitent pas à aborder les questions sociales et politiques.

Marie: C'est la même tendance dans notre littérature, les écrivains modernes dont on parle ont un regard critique sur les problèmes politiques et sociaux de leur époque.

Blanche: Toi aussi, tu t'intéresses à des idées idéologiques? Moi, c'est une chose qui m'attire particulièrement. Est-ce que tu lis des revues littéraires?

Marie: Mais bien sûr! Je lis celles que nous recevons à l'université, je suis aussi abonnée à deux autres revues mensuelles, et je lis un hebdomadaire français. Les critiques littéraires y sont vraiment pertinentes et pleines de bon sens.

M. Thomasson: C'est très bien, je vois que vous suivez de près l'actualité littéraire, mais prenez-vous le temps de lire ces livres dont on parle dans toutes ces revues? On lit toujours trop de revues et jamais assez de livres. Moi, j'aime les livres, un vieux livre c'est comme un vieil ami pour moi, à chaque nouveau livre j'espère me faire un nouvel ami. Par les jours de grand froid, en hiver, quand le temps ne permet pas de sortir, j'aime mieux m'installer dans mon fauteuil près du radiateur en compagnie d'un bon livre. Il m'arrive fréquemment de penser à Simone Weil, mon amie défunte. Je l'ai bien connue. Elle était professeur dans la ville où j'habitais alors. C'était une femme d'un courage extraordinaire. Par bonté et par amour pour les hommes elle a quitté sa vie calme et paisible pour celle des ouvriers d'usine. Elle voulait connaître les conditions de travail dures et pénibles de ces ouvriers qui travaillaient. Elle voulait être au plus près d'eux, partager leur labeur, leur souffrance. Malgré son état de santé inquiétant, elle continuait de se lever de bonne heure tous les matins pour se rendre à l'atelier où elle travaillait au même titre que les autres. Jamais je n'oublierai le jour où elle nous a quittés.

또마쏭 씨 : 자, 젊은이들, 문학에 있어서 나는 자주 과거로 되돌아가지만 현대 작가들의 작품을 읽는 것 또한 좋아합니다. 동시대인들의 관심사에 흥미가 있을 뿐만 아니라 사회적, 정치적인 문제들을 논의하는데 주저하지 않는 사람들인 참여 문학 작가들을 좋아하기 때문에, 나는 서재에 많은 현대 작품들을 소장하고 있습니다.

마리 : 우리나라의 문학에도 같은 성향이 나타납니다. 우리가 거론하고 있는 작가들은 그들 시대의 사회적, 정치적인 문제들에 대하여 비판적인 시선을 지닙니다.

블랑슈 : 너도 역시 관념사상에 관심이 많니? 나에게 그것은 특히 나의 관심을 끄는 분야야. 너는 많은 문학잡지들을 읽고 있니?

마리 : 물론이지. 나는 학교에서 구독하는 잡지들을 읽고 다른 두 개의 월간지를 정기 구독하며 프랑스 주간지도 하나 읽고 있어. 문학 비평들은 매우 적절하고 많은 지적 상식들로 가득차 있어.

또마쏭 씨 : 아주 좋아요. 제가 보기에 당신은 문학계의 실상들을 아주 가까이서 따라가고 있는 것 같군요. 그러나 당신은 잡지에서 언급하는 이 작품들을 읽을 시간이 있나요? 우리는 항상 너무나 많은 잡지들을 읽고 있지만 책들은 결코 충분히 읽지 않고 있습니다. 나는 책들을 좋아합니다. 오래된 책은 옛 친구와 같고 각각의 새로운 책에 대해서는 새로운 친구가 되기를 원합니다. 겨울의 매우 추운 날에, 날씨가 외출을 허락하지 않을 때에는 좋은 책과 함께 난방기 근처의 소파에 앉아 있기를 정말 좋아합니다. 나는 작고한 내 친구 시몬 베이유가 자주 생각납니다.

나는 결코 그녀가 우리 곁을 떠난 날을 잊지 못할 것입니다.

나는 그녀를 잘 알고 있었지요. 그녀는 그 당시 내가 살고 있었던 도시에서 교수였습니다. 그녀는 엄청난 용기를 가졌던 여자였습니다. 그녀는 사람들에 대한 친절과 사랑으로 공장 노동자들의 삶을 위해 고요하고 평화로웠던 자신의 삶을 떠났습니다. 그녀는 공장 노동자들의 힘겹고 고단한 노동 상황들을 경험하기를 원했습니다. 그녀는 그들과 가장 가까이에 머무르면서 그들의 일과 고통을 함께 나누길 원했습니다. 자신의 염려스러운 건강에도 불구하고 그녀는 다른 사람들과 같이 일하고 있었던 작업장으로 가기 위해서 매일 아침 일찍 일어나기를 계속 했습니다. 나는 결코 그녀가 우리 곁을 떠난 날을 잊지 못할 것입니다.

à propos de ~ : ~에 관하여

en terme de ~ : ~에 관해서, ~에 있어서

l'œuvre (f.) : 작품

contemporain : 현대의, 동시대의

la préoccupation : 관심, 걱정

le congénère : 같은 종류, 같은 무리

hésiter à inf : ~하기를 주저하다

aborder : 접근하다, 논의하다, 말을걸다

la tendance : 경향, 성향

l'époque (f.) : 시대

attirer : 끌어들이다, 유혹하다

particulièrement : 특히

la revue : 잡지 (= le magazine)

abonner : 정기 구독시키다 (l'abonnement 정기 구독)

mensuel, mensuelle : 월의

l'hebdomadaire (m.) : 주간지

pertinent : 적합한

le bon sens : 상식, 양식

en compagnie de ~ : ~과 함께, ~와 더불어

fréquemment : 자주, 빈번히

défunt,e : 작고한, 사망한

paisible : 평화로운, 조용한

le labeur : 고된 일, 노고

malgré : 불구하고

de bonne heure : 일찍

se rendre à ~ : ~에 가다

au même titre que ~ : ~처럼, ~과 같이 (= comme)

① 관계대명사 qui, que, dont

❶ 주격 관계대명사 qui

관계대명사 qui는 주어를 대신한다.

Je parle à <u>un homme</u>. <u>Il</u> est journaliste.

→ Je parle à un homme <u>qui</u> est journaliste.
나는 신문기자인 한 남자에게 이야기한다.

❷ 목적격 관계대명사 que

관계대명사 que는 직접 목적어를 대신한다.

Le four crachait <u>des flammes</u>. J'ai reçu <u>ces flammes</u> en plein visage.

→ Le four crachait des flammes <u>que</u> j'ai reçues en plein visage.
용광로는 내가 얼굴 가득히 받고 있는 불꽃들을 내뿜고 있었다.

이 경우에 reçu뒤에 es가 붙은 것은 직접목적보어 ces flammes이 관계대명사
que의 선행사가 되어 과거분사 reçu앞으로 나갔기 때문이다. 이럴 경우에도
복합시제에서 과거분사는 앞으로 나간 선행사의 성과 수에 꼭 일치시켜야
한다.

cf Vous avez fermé <u>la porte</u>. J'avais ouvert <u>cette porte</u>.
   Vous avez fermé <u>la porte</u> <u>que</u> j'avais ouvert<u>e</u>.
   당신은 내가 열어놓았던 문을 닫았다.

❸ 관계대명사 dont

dont은 전치사 de를 항상 수반하는 표현에서 쓰인다.

Voici <u>le four</u>. On se sert <u>de ce four</u> pour fondre le métal.

→ Voici le four <u>dont</u> on se sert pour fondre le métal.
여기에 사람들이 금속을 녹이기 위해 사용하는 용광로가 있다.

Je lirai <u>le livre</u>. Vous m'<u>en</u> avez parlé.

→ Je lirai le livre <u>dont</u> vous m'avez parlé.
나는 당신이 나에게 말했었던 그 책을 읽을 것입니다.

이 경우에 dont으로 받은 것은 중성대명사 en이 de ce livre를 받았기 때문이다. 이와 같이 관계대명사 dont은 전치사 de를 필요로 하는 구문에서 쓰인다.

Voilà <u>une maison</u>. <u>Son</u> toit est rouge.

→ Voilà une maison <u>dont</u> le toit est rouge.
저기에 그 지붕이 빨간 집이 있다.

이 경우에 dont으로 받은 것은 소유형용사 son이 전치사 de를 수반하는 표현이 되기 때문이다.

즉 son toit는 le toit de cette maison의 표현이 된다.

그러므로 소유형용사로 이끌어지는 구문은 관계대명사 dont을 쓰고 다음에 그 명사와 관계되는 정관사를 항상 써 주어야 한다.

Voilà <u>une jeune fille</u>. <u>Son</u> père est journaliste.

→ Voilà une jeune fille <u>dont</u> le père est journaliste.
저기에 아버지가 신문기자인 소녀가 있다.

즉, son père는 le père de cette jeune fille를 받는다.

❷ 관계대명사 dont 문장 연습

- Les écrivains modernes <u>dont</u> on <u>parle</u> ont un regard critique sur les problèmes politiques et sociaux de leur époque. - parler de ~

- Mais prenez-vous le temps de lire ces livres <u>dont</u> on parle dans toutes ces revues?

❸ 시간과 장소를 받는 관계대명사 **où**

관계대명사 où는 시간 및 장소를 선행사로 취한다.

❶ 시간

Marie était très étonnée <u>le matin</u>.
Elle a rencontré Elisabeth <u>ce matin-là</u>.

→ Marie était très étonnée <u>le matin où</u> elle a rencontré Elisabeth.
마리는 엘리자베뜨를 만났던 그날 아침에 매우 놀랐다.

J'ai appris beaucoup de choses pendant <u>l'année</u>.
Je faisais des études à Paris <u>cette année-là</u>.

→ J'ai appris beaucoup de choses pendant <u>l'année où</u> je faisais des études à Paris.
나는 빠리에서 공부했던 그해에 많은 것들을 배웠다.

❷ 장소

J'aime <u>cet appartement</u>. J'<u>y</u> habite depuis deux ans.

구문연구

→ J'aime <u>cet appartement où</u> j'habite depuis deux ans. 나는 2년 전부터 살고 있는 이 아파트를 좋아한다. : y는 dans cet appartement을 받으므로 관계대명사 où로 연결된다.

Je travaille dans <u>cette bibliothèque</u>. Les livres y sont nombreux.

→ Je travaille dans <u>cette bibliothèque où</u> les livres sont nombreux.
나는 책들이 많은 이 도서관에서 공부한다.

– 선행사가 시간 및 장소라고해서 반드시 관계대명사 où가 오는 것은 아니다.
연결된 두 문장을 잘 분석하여 선행사가 관계절에서 어떻게 쓰였느냐에 따라서 관계대명사가 결정된다.

J'habite depuis deux ans dans cet appartement <u>que</u> j'aime.
내가 좋아하는 이 아파트 안에서 나는 2년 전부터 살고 있다.

위 문장에서 선행사는 아파트라고 하는 장소이지만, 그것이 관계절에서 aimer의 목적어로 쓰였으므로 관계대명사 que를 써야 한다.

Elle nous a quittés le jour <u>dont</u> j'aime me souvenir.
그녀는 그날 우리를 떠났지만, 나는 그날을 회상하기를 좋아한다.

이 문장에서는 선행사 le jour가 관계절에서 se souvenir de에 걸리므로 관계대명사는 dont을 써야 한다.

Elle était professeur <u>dans la ville où</u> j'habitais alors.
그녀는 그때 내가 살았었던 도시의 교수였었다.

❹ 관계대명사 **où** 문장 연습

- Malgré son état de santé inquiétant, elle continuait de se lever de bonne heure tous les matins pour se rendre <u>à l'atelier où</u> elle travaillait au même titre que les autres.

- Jamais je n'oublierai <u>le jour où</u> elle nous a quittés.

❺ 남성 단수 제 2형을 갖는 형용사들

nouveau - <u>nouvel</u> - nouvelle 새로운
beau - <u>bel</u> - belle 아름다운
vieux - <u>vieil</u> - vieille 늙은

mou - mol - molle 물렁물렁한
fou - fol - folle 미친

모음이나 무성h로 시작하는 남성 단수 앞에서는 제2형 (<u>nouvel, bel, vieil,</u> mol, fol)을 쓴다.

un <u>nouvel</u> étudiant → <u>de nouveaux</u> étudiants
un <u>bel</u> enfant → <u>de beaux</u> enfants
un <u>vieil</u> auteur → <u>de vieux</u> auteurs

하지만 복수가 될 때에는 위에서처럼 남성 제1형의 복수형을 취한다.

📂 회화 작문에 필요한 필수 표현 정리

oublier de + inf : ~하는 것을 잊다

J'ai oublié de prendre mon parapluie.
우산 가져오는 것을 깜빡했네.

à l'air = en plein air : 바깥에, 노천에 (= dehors)

Ces marchands sont toujours à l'air, à la pluie, au vent.
이 상인들은 비가 오나 바람이 부나 항상 바깥에 있어.

en l'air = dans l'air : 공중에, 공중으로

Elle a jeté une pièce en l'air.
그녀는 동전 하나를 공중으로 던졌다.

essayer de inf = chercher à inf = s'efforcer de inf = tâcher de inf : ~할려고 애쓰다, 노력하다

Essaie donc d'utiliser l'ordinateur.
컴퓨터를 사용하도록 해봐.

s'interesser à - : ~에 흥미가 있다, ~에 관심을 두다

Je m'intéresse à elle.
나는 그녀에게 관심이 있어.

7

Dépêchons-nous, sinon le train va partir sans nous.

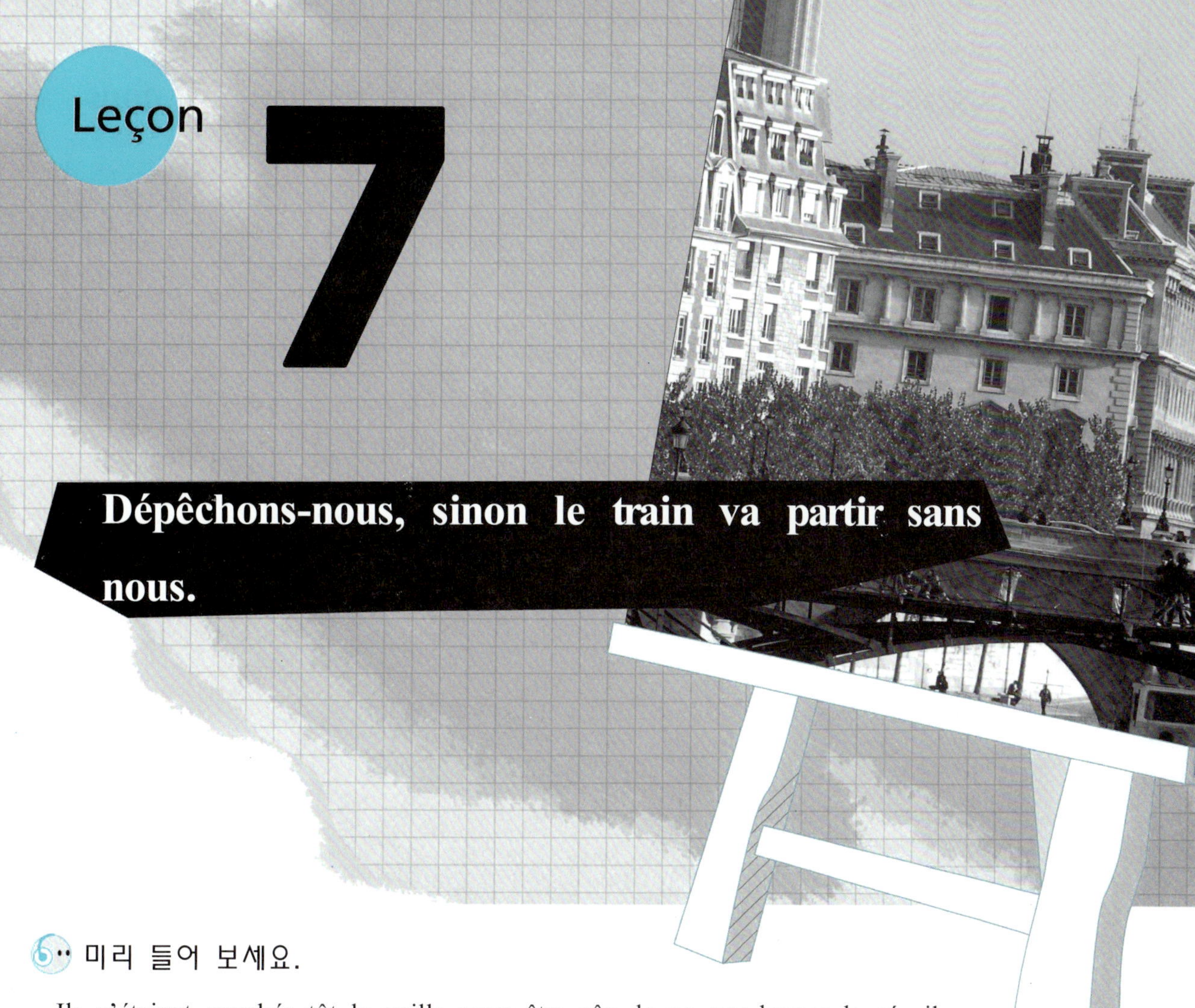

미리 들어 보세요.

Ils s'étaient couchés tôt la veille pour être sûr de ne pas louper le réveil.

Si ça continue, on va finir par être en retard, s'est impatienté Pierre.

Ils ont couru pour attraper le bus qui arrivait au même instant.

Marie, appelle-la sur son portable. Moi, je me charge des billets.

J'ai pris les billets. Dépêchons-nous, sinon le train va partir sans nous.

Du coup on s'est retrouvé je ne sais où, en plein milieu de la forêt sous une pluie battante.

Il faisait très froid, on était mouillé jusqu'aux os et le lendemain j'étais enrhumée.

Mais la prochaine fois essaye d'arriver à l'heure, je déteste être à la bourre.

Pierre et Marie qui étaient allés voir seuls le château de Versailles la semaine précédente, avaient été invités par Blanche à visiter ce jour-là le château de Fontainebleau. Ils s'étaient couchés tôt la veille pour être sûr de ne pas louper le réveil, mais comme il fallait toujours beaucoup de temps à Marie pour se préparer, Pierre a bien cru qu'ils allaient être en retard.

- Vite! On doit retrouver Blanche à 7 heures et demie à la gare de Lyon. Si ça continue, on va finir par être en retard, s'est impatienté Pierre.

- Je serai prête dans une minute, lui a répondu Marie.

- Allons, dépêche-toi! Il est temps de partir.

Ils ont descendu la rue Saint-Jacques jusqu'au boulevard Saint-Germain, et ont couru pour attraper le bus qui arrivait au même instant. Mais arrivés à la gare de Lyon, ils n'ont pas vu Blanche. Elle n'était pas là.

Pierre: Il est huit heures moins le quart et Blanche n'est toujours pas arrivée. Pourtant elle nous a bien dit de la retrouver à la gare de Lyon à 7 heures et demie. C'est étrange. Qu'est-ce qu'on va faire? Le train part dans treize minutes. Marie, appelle-la sur son portable. Moi, je me charge des billets.

Marie: Elle m'a dit qu'elle était presque arrivée. Tiens, là-bas, c'est elle.

Pierre: Salut, Blanche. Ça va? On t'attend depuis plus d'un quart d'heure. On commençait à s'inquiéter.

Blanche: Vraiment? Je suis désolée. Je pensais être à l'heure. C'est vous qui êtes en avance. Pourquoi vous êtes arrivés aussi tôt?

Marie: Ben…… mon frère a toujours peur d'être en retard.

Pierre: Ça, c'est bien, les filles, jamais pressées. J'ai pris les billets. Dépêchons-nous, sinon le train va partir sans nous.

Blanche: Tu es sûr que c'est bien ce train? L'année dernière je suis partie à Fontainebleau avec des amis et on s'est trompé de train. Du coup on s'est retrouvé je ne sais où, en plein milieu de la forêt sous une pluie battante. Il faisait très froid, on était mouillé jusqu'aux os et le lendemain j'étais enrhumée.

Pierre: Ne t'inquiète pas. Aujourd'hui, je suis là. Tu peux me faire confiance. Mais la prochaine fois essaye d'arriver à l'heure, je déteste être à la bourre.

그 전주에 단 둘이서 베르사이유 궁전을 방문했던 삐에르와 마리는 그날 블랑슈로 부터 퐁텐블로 궁전에 방문하자는 제의를 받았다. 그들은 제 시간에 깨어날 것을 놓칠까봐 그 전날 밤 일찍 잠자리에 들었지만, 마리는 항상 준비하는데 많은 시간이 필요하기 때문에 삐에르는 늦을거라 생각했다.

- 서둘러! 우리는 리옹역에서 7시 반에 블랑슈를 만나야 해. 계속 이러다간 결국 늦고 말거야! 라며 삐에르는 매우 초조해 했다.

- 곧 준비될거야. 라고 마리는 대답했다.

- 자, 서둘러. 떠날 시간이야.

그들은 쌩-작끄 거리를 따라 쌩-제르맹 대로까지 내려왔다. 그들은 마침 그 시각에 도착하고 있는 버스를 타기 위해 뛰었다. 그러나 리옹역에 도착한 그들은 블랑슈를 찾을 수 없었다. 그녀는 그곳에 없었다.

삐에르 : 8시 15분 전인데 블랑슈는 여전히 도착하지 않았어. 그런데 그녀가 우리에게 7시 반까지 리옹역에서 만나자고 이야기했는데. 이상하다. 어떡하지? 기차는 13분 후에 출발할거야. 마리, 그녀의 핸드폰에 전화해봐. 나는 표를 사올게.

마리 : 그녀가 거의 도착했다고 말했어. 봐봐! 저기. 그녀야.

삐에르 : 안녕, 블랑슈! 잘 지냈니? 우리는 너를 15분 이상 전 부터 기다리고 있었어. 그래서 걱정되기 시작했단 말이야.

블랑슈 : 정말이니, 삐에르? 미안해. 나는 제시간에 도착하고 있다고 생각했는데. 너희들이 일찍 온거야. 왜 이렇게 일찍 왔니?

마리 : 응…… 오빠는 항상 늦을까봐 염려하거든.

삐에르 : 그래 맞아. 여자 아이들이란, 결코 서두르는 법이 없지. 내가 표를 샀어. 서두르자. 그렇지 않으면 기차가 우리를 두고 떠날거야.

블랑슈 : 그런데 이 기차가 맞는지 확신하니? 작년에 친구들과 함께 퐁텐블로에 갔었는데 기차를 잘못탔었어. 그래서 장대비가 쏟아지는 숲 한가운데에서 우리도 모르는 곳에 있었어. 날씨가 무척 추웠고 온통 젖는 통에 다음날 감기에 걸렸지 뭐야.

삐에르 : 걱정하지 마, 오늘은 내가 있잖아. 나를 믿어도 돼. 그러나 다음번에는 시간에 맞춰서 오도록 노력해줘. 나는 지각하는 것을 매우 싫어하거든.

la veille : 그 전날 (↔ le lendemain 그 이튿날)

finir par inf : 마침내 ~하기에 이르다

s'impatienter : 초조해하다

Il est temps de inf : ~할 시간이다

attraper : 따라잡다

le portable : 휴대폰

se charger de ~ : ~을 맡다, ~에 책임이 있다

plus de ~ : ~이상 (de plus 더)

sinon : 그렇지 않으면 (= autrement = sans quoi)

se tromper de ~ : ~을 잘못 알다

du coup : 그래서, 따라서

je ne sais où : 어디인지 모르는

battant : 때리는, 치는

mouillé : 젖은

jusqu'aux os : 뼛속까지

enrhumé : 감기걸린

faire confiance à qn : ~를 믿다

être à la bourre : 늦다, 지각하다 (아주 친한 사이에만 사용)

 louper : 놓치다, 망치다

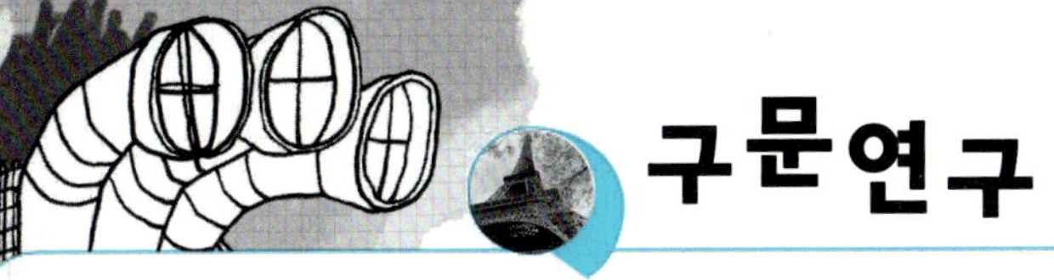

구문연구

❶ 주의해야 할 시간의 표현

기준이 현재이냐 과거이냐에 따라 다음과 같은 시간의 표현들이 있다.

기준이 현재		기준이 과거
avant-hier 그저께	→	l'avant-veille 그 전전날
hier 어제	→	la veille 그 전날
aujourd'hui 오늘	→	ce jour-là 그날
demain 내일	→	le lendemain 그 이튿날
après-demain 모레	→	le surlendemain 그다음 다음날

- Ils s'étaient couchés tôt <u>la veille</u> pour être sûr de ne pas louper le réveil.

- Il faisait très froid, on était mouillé jusqu'aux os et <u>le lendemain</u> j'étais enrhumée.

❷ 타동사의 복합과거 – 조동사로 avoir를 취한다.

왕래 발착 동사라 하더라도 타동사로 쓰이면 조동사로 avoir를 취해야 한다.

Ils <u>ont descendu</u> la rue Saint-Jacques jusqu'au boulevard Saint-Germain.

cf Ils <u>sont descendus à</u> la cave. 그들은 지하실로 내려갔다.
- 자동사 다음에 명사가 나올 경우에는 자동사 다음에 항상 전치사를 써야 한다.

❸ 과거 속의 과거는 대과거를 쓴다.

Elle m'a dit qu'elle était arrivée. →
Elle m'a dit, 'Je suis arrivée.' - 직접화법

❹ **depuis** 는 ~부터 란 표현으로 현재까지 행위가 지속되면 프랑스어에서는 현재 시제를 쓴다.

On t'attend depuis plus d'un quart d'heure.
우리가 15분 이상 전부터 너를 기다리고 있어.

J'habite à Paris depuis 10 ans. 나는 10년 전부터 빠리에 살고 있어.

❺ 주어 강조 구문

C'est vous qui êtes en avance. 일찍 온 것은 바로 당신입니다.

C'est toi qui est en retard. 늦은 것은 바로 너야.
- 강조될 경우에 주격 인칭대명사는 모두 강세형으로 한다.

Ce sont eux qui sont partis hier en France.
어제 프랑스로 떠난 사람들은 바로 그들입니다.

❻ 표현 je ne sais où – 어딘지 모르는 곳에

je ne sais quoi 무엇인지 모를

je ne sais qui 누구인지 모를

je ne sais quel 어떤 것인지 모를

je ne sais quand 언제인지 모를

Du coup on s'est retrouvé je ne sais où.
따라서 우리는 어딘지 모르는 곳에 있게 되었지.

L'amour est un je ne sais qoui. 사랑이란 무엇인지 알 수 없는 것이다.

Elle m'a emmené je ne sais où. 그녀가 나를 어딘지 모르는 곳으로 데려갔다.

avoir l'intention de inf : ~할 의도가 있다, ~할 작정이다

J'avais l'intention d'y aller tout seul.
나는 거기에 혼자 갈 생각이야.

en face de - : ~정면에, ~바로 앞에, ~맞은 편에

Où est la banque? - C'est en face de vous.
은행이 어디에 있습니까? - 당신 바로 맞은 편에 있습니다.

le long de - : ~를 따라

J'adore faire un footing le long du quai de la Seine.
나는 쎄느 강변을 따라서 산책하는 것을 무척 좋아해.

inviter qn à inf = demander à qn de inf : ~에게 ~할 것을 권하다

Il m'a invité à sortir. = Il m'a demandé de sortir.
그는 나랑 외출하자고(데이트 하자고) 했다.

au lieu de - : ~ 대신에

Regarde-moi au lieu de regarder la télé.
TV 좀 그만 보고 나를 봐.

Je trouve cette partie de l'histoire vraiment passionnante.

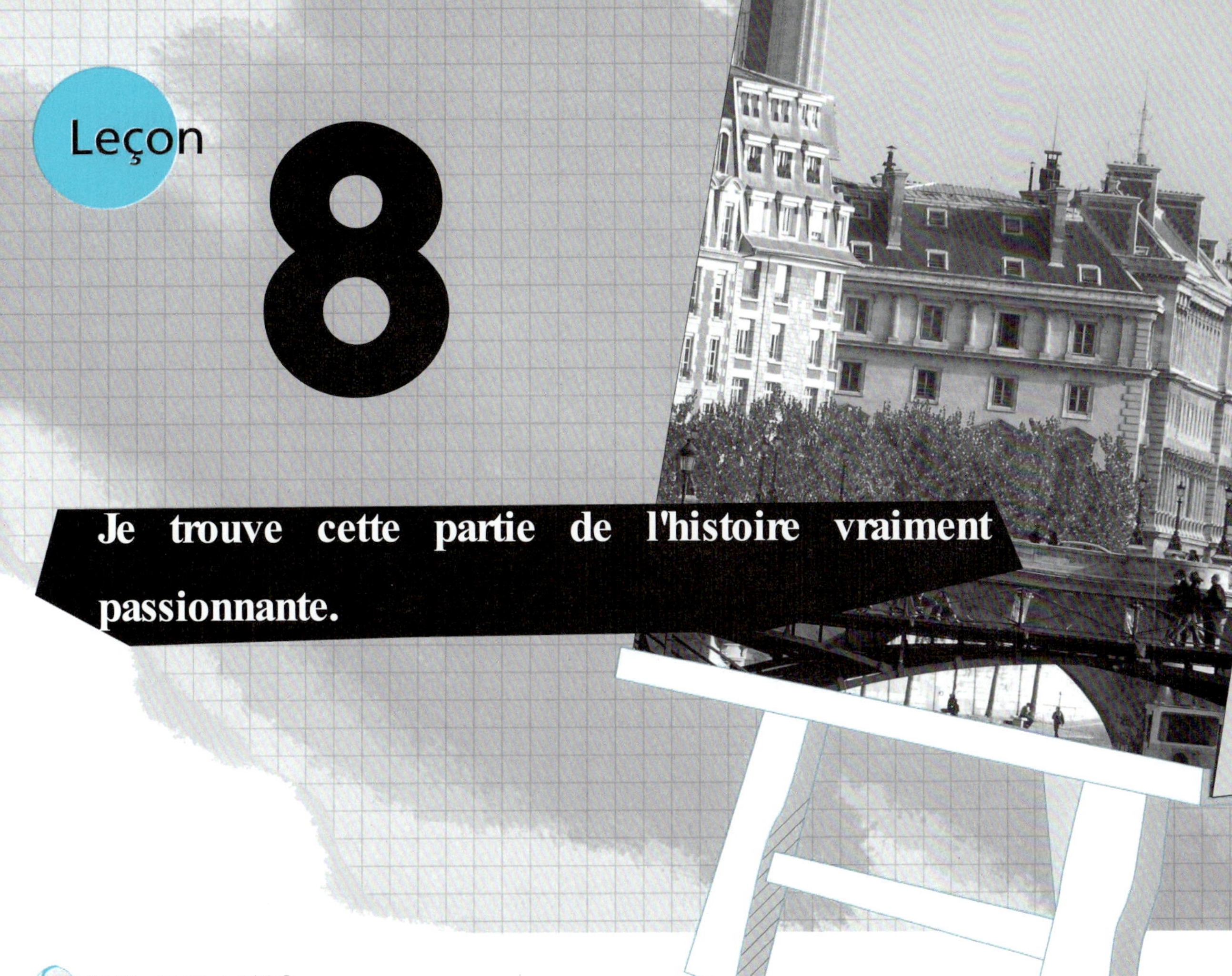

🎧 미리 들어 보세요.

Il n'est pas rare de croiser sur son chemin des lapins ainsi que d'autres animaux.

Il y a de nombreux poissons et ils sont habitués à ce que les touristes leur jettent des morceaux de pain.

C'est ici même que l'empereur Napoléon premier a dit adieu à ses soldats avant de quitter la France en 1814.

L'empereur Napoléon premier affectionnait particulièrement ce château et il se plaisait à dire: «Voilà le vrai palais des rois, la maison des siècles.»

Napoléon y allait souvent, il paraît qu'elle a été rebâtie à sa demande.

Ici, la pêche est strictement défendue, c'est pourquoi ils sont si gros et si nombreux.

Je trouve cette partie de l'histoire vraiment passionnante.

Si tu veux tout savoir sur Napoléon, c'est à mon grand-père qu'il faut demander. Il est incollable.

Je trouve cette partie de l'histoire vraiment passionnante.

En route vers Fontainebleau.

Une fois dans le train, Blanche a commencé à donner des explications sur Fontainebleau à ses amis. Elle leur avait laissé les places côté fenêtre. Ainsi ils pouvaient profiter du paysage. Le train roulait vite, il traversait les bois.

Blanche: Fontainebleau est célèbre par son château et sa grande forêt. Les arbres y sont grands et il n'est pas rare de croiser sur son chemin des lapins ainsi que d'autres animaux. Le chant des oiseaux y est reposant. Ce matin nous traverserons le parc à pied. Nous visiterons le château et nous nous arrêterons un instant au bord de l'étang. Il y a de nombreux poissons et ils sont habitués à ce que les touristes leur jettent des morceaux de pain. Cet après-midi nous suivrons le sentier qui passe par la forêt pour nous rendre à Barbizon où nous prendrons le car pour rentrer à Paris.

A Fontainebleau, devant le château.

Blanche: Regardez bien cette cour. C'est ici même que l'empereur Napoléon premier a dit adieu à ses soldats avant de quitter la France en 1814 (mil huit cent quatorze), c'est pourquoi elle a été baptisée la Cour des Adieux. Le palais est formé d'un grand nombre de bâtiments construits à des siècles différents autour d'un petit château datant du Moyen Âge. Les rois prenaient possession des lieux lors des grandes battues et des chasses à courre. On y retrouve une grande diversité d'architecture du XVIe (seizième) siècle avec François premier, au XIXe (dix-neuvième) siècle.

L'empereur Napoléon premier affectionnait particulièrement ce château et il se plaisait à dire: «Voilà le vrai palais des rois, la maison des siècles.»

Après la visite du château, dans une autre cour, auprès d'une jolie fontaine.

Blanche: Vous voyez cette petite construction sur l'île, au milieu de l'étang? Napoléon y allait souvent, il paraît qu'elle a été rebâtie à sa demande.

Marie et Pierre se sont approchés du bord pour regarder les poissons.

Blanche: Si vous voulez, vous pouvez leur lancer des morceaux de pain, ils y sont habitués. Ici, la pêche est strictement défendue, c'est pourquoi ils sont si gros et si nombreux.

Marie: Il n'y a pas un endroit où on peut s'asseoir un peu? Je commence à fatiguer.

Blanche: Tu préfères te reposer à l'ombre ou au soleil? Le banc, là-bas, ça te va?

Pierre: Qu'est-ce que tu sais d'autre sur Napoléon? Je trouve cette partie de l'histoire vraiment passionnante.

Blanche: Si tu veux tout savoir sur Napoléon, c'est à mon grand-père qu'il faut demander. Il est incollable. A présent, je vais vous raconter comment le pape Pie VII est venu à Fontainebleau.

풍텐블로를 향하여 가는 길목에서 :

기차에 타자마자, 블랑슈는 그녀의 친구들에게 풍텐블로에 관하여 설명하기 시작했다. 그녀는 그들을 창문가 자리에 앉게 했다. 그래서 그들은 풍경을 만끽할 수 있었다. 기차는 빨리 달리면서 숲들을 가로지르고 있었다.

블랑슈 : 풍텐블로는 성과 울창한 숲으로 유명하단다. 나무들은 크고, 숲에서 토끼나 다른 짐승들을 길을 가다가 마주치는 일이 드물지 않아. 새들의 노래 소리가 편안함을 주기도 해. 오늘 아침에 우리는 공원을 가로질러 걸어가서 성을 방문하고 연못가에서 잠시 멈출 거야. 연못에는 수많은 물고기들이 있는데 그 물고기들은 사람들이 빵 조각들을 던져주는 것에 익숙해져 있어. 오후에는 바르비종으로 가기 위해 숲으로 난 작은 오솔길을 따라 갈거야. 그리고 바르비종에서 빠리로 돌아갈 시외버스를 탈거야.

풍텐블로에 있는 성 앞에서 :

블랑슈 : 이 안뜰을 잘 봐라. 바로 이곳에서 나폴레옹 1세 황제가 1814년 프랑스를 떠나기 전에 그의 병사들에게 작별을 고한 곳이야. 그래서 이곳이 작별의 뜰이라는 이름이 지어졌던거야. 이 궁전은 중세 시대로 기원을 두고 있는 작은 성 주위에 수세기에 건축된 수많은 건축물들로 구성되어 있고 왕들은 동물 몰이나 기마 수렵이 있는 경우에 그 장소들을 점유하곤 했었지. 우리는 그 궁전에서 프랑스와 1세 시절의 16세기에서 부터 19세기까지의 다양한 건축술을 발견할 수 있어. 나폴레옹 1세는 특히 이 성에 큰 매력을 느끼고 이렇게 즐겨 말하곤 했지. :《이것이야 말로 진정한 왕들의 성이며 세기적인 건물이다.》

성을 방문한 후, 다른 안뜰에 있는 예쁜 분수 옆에서 :

블랑슈 : 연못 한가운데 섬에 있는 작은 건축물이 보이지? 나폴레옹은 그곳에 자주 가곤했는데, 그의 요구로 그 건축물이 다시 세워진 것 같아.

마리와 삐에르는 물고기들을 자세히 보기위해 물가로 다가갔다.

블랑슈 : 원한다면 너희들은 물고기들에게 빵 조각들을 던져줄 수 있단다. 물고기들이 그런 것에 익숙해져 있거든. 이곳에서는 낚시가 엄격하게 금지되어있기 때문에 물고기들이 크고 그 수도 엄청나.

마리 : 우리가 잠시 앉아 쉴 수 있는 곳이 없을까? 피곤해지기 시작하네.

블랑슈 : 그늘과 양지 바른 곳 중에서 어느 곳이 더 좋으니? 저기에 있는 벤치는 어때?

삐에르 : 나폴레옹에 관한 다른 것에 대해 더 아는게 있니? 나는 역사의 그 부분이 정말 흥미 있다고 생각해.

블랑슈 : 만약 네가 나폴레옹에 관해 모든 걸 알기 원한다면 나의 할아버지에게 여쭤봐야 할거야. 뭐든지 척척 박사이시거든. 지금 내가 너희들에게 교황 삐 7세가 어떻게 퐁텐블로로 오게 되었는지 이야기 해줄게.

en route : 길목에서

une fois : 일단, 한번

profiter de ~ : ~를 이용하다

Il n'est pas rare de inf : ~하는 것은 드물지 않다

reposant : 휴식을 주는, 아늑한

l'étang (m.) : 연못, 늪

le morceau : 조각

le sentier : 오솔길

se rendre à ~ : ~에 가다

le car : 시외버스

la cour : 뜰, 운동장

l'empereur : 황제 (impératrice 황후)

c'est pourquoi : 그래서

baptiser : 명명하다, 세례를 주다

dater de ~ : ~부터 시작되다

prendre possession de ~ : ~를 소유하다

le lieu : 장소, 곳

la battue : 몰이, 수색

la chasse à courre : 기마 수렵 (말타며 사냥개를 이용하는 사냥 놀이)

affectionner : 매우 좋아하다, 애착을 느끼다

particulièrement : 특히

se plaire à ~ : ~하기를 즐기다, 즐겨 ~하다

Il paraît que indicatif : ~인 것 같다

le bord : 가장자리

lancer : 던지다

la pêche : 낚시

strictement : 엄격하게

l'ombre (f.) : 그늘, 그림자

aller à qn : ~에게 마음에 들다, ~에게 어울리다

incollable : 척척박사의

le pape : 교황

구문연구

❶ 강조 구문

❶ 주어 강조

C'est ~ qui + 동사 : 1, 2인칭 단, 복수, 3인칭 단수를 강조한다.
Ce sont ~ qui + 동사 : 3인칭 복수를 강조한다.

C'est moi qui l'ai construite. 그것을 지었던 사람은 바로 나이다.
- 강조되는 주격 인칭대명사는 항상 강세형으로 해주어야 한다.

Ce sont eux qui les ont cueillies. 그것들을 땄던 사람들은 바로 그들이다.
- 이처럼 3인칭 복수를 강조해줄 때에는 Ce sont ~ qui의 형태로 해준다.

C'est nous qui l'avons construit. 그것을 지었던 사람들은 바로 우리들이다.
- 1인칭 복수를 강조하므로 C'est ~ qui ~ 이다.

❷ 목적어 및 상황보어 강조

C'est ~ que : 1, 2, 3인칭 단, 복수, 상황보어를 강조한다.
Ce sont ~ que : 3인칭 복수를 강조해준다.

목적어 강조 -
C'est vos amis que j'ai rencontrés.
= Ce sont vos amis que j'ai rencontrés.
내가 만났던 사람들은 바로 당신의 친구들이다. - rencontrés 뒤에 s가 붙은 것은
직접 목적보어가 앞으로 나갔기 때문이다.

상황보어 강조 - C'est hier que je l'ai rencontrée.
내가 그녀를 만났던 것은 바로 어제이다.

❷ 강조 구문 종합 연습

Il m'a parlé hier soir de cette ville.
그는 어제 저녁에 나에게 그 도시에 대해서 말했다.

❶ 주어 강조
C'est lui qui m'a parlé hier soir de cette ville.

❷ 간접 목적보어 강조
C'est à moi qu'il a parlé hier soir de cette ville.

이럴 경우에 me가 à moi로 된 것은 간접 목적보어이기 때문이다. 이처럼 간접목적보어를 강조해 줄 경우에는 전치사 à를 꼭 써주어야 한다.

Elle me regarde. → C'est moi qu'elle regarde.
이 경우에 me는 직접 목적보어이기 때문에 moi가 된다.

❸ 상황보어 강조
C'est hier soir qu'il m'a parlé de cette ville.

❹ 상황보어 강조
C'est de cette ville qu'il m'a parlé hier soir.

cf C'est ici même que l'empereur Napoléon premier a dit adieu à ses soldats avant de quitter la France en 1814 (mil huit cent quatorze).

cf Si tu veux tout savoir sur Napoléon, c'est à mon grand-père qu'il faut demander.

9

Et si on faisait une petite randonnée?

 미리 들어 보세요.

Et si on faisait une petite randonnée?

Qu'est-ce que vous en dites?

Nous pourrons profiter du calme et de la fraîcheur de la forêt.

Il fera certainement meilleur qu'ici.

On te laisse choisir le parcours, mais n'en prends pas un trop difficile.

Moi, deux heures de marche me suffisent.

C'est bien rare de ne pas trouver un petit coin sympa.

J'espère que ça vous convient.

Je n'aurai pas fait mieux.

Je ne trouve rien à y redire.

C'est incroyable, le nombre d'espèces différentes d'arbres et de fleurs que peut compter cette forêt.

Tu trouveras sur le parcours de nombreuses petites pancartes informatives sur la faune et la flore de la forêt.

Et si on faisait une petite randonnée?

Blanche: J'ai une proposition à vous faire. Et si on faisait une petite randonnée? Pourquoi ne pas aller à pied de Fontainebleau à Barbizon? Qu'est-ce que vous en dites? Ça nous fera un peu d'exercice et nous pourrons profiter du calme et de la fraîcheur de la forêt. L'air y est pur, ça ne peut nous faire que du bien. Vous êtes d'accord?

Pierre: Pourquoi pas, c'est une bonne idée, il fera certainement meilleur qu'ici. L'été est tellement différent de chez nous, il fait si chaud et si sec ici.

Blanche: Remarque, avec ta veste, tu ne dois pas avoir froid. Tu peux l'enlever, tu sais, tu seras plus à l'aise. Dans mon guide il y a de nombreux chemins. Tous sont plus agréables les uns que les autres. Le point de départ est ici, et Barbizon se situe de l'autre côté, nous devons traverser la forêt. Pierre, on te laisse choisir le parcours, mais n'en prends pas un trop difficile. Moi, deux heures de marche me suffisent.

Pierre: C'est entendu. Prenons le plus court.

Blanche: Pendant que tu étudies la carte, Marie et moi allons faire les courses. Nous déjeunerons sur le sentier, c'est bien rare de ne pas trouver un petit coin sympa. Marie, tu t'occupes du pain, moi je vais à la charcuterie.

Les jeunes filles sont revenues quelques instants plus tard.

Blanche: Une baguette, quelques fruits, trois tranches de jambon blanc, et une bonne bouteille de rouge, c'est la cerise sur le gâteau. J'espère que ça vous convient?

Pierre: C'est parfait. Je n'aurai pas fait mieux. Alors, de mon côté, je pense que nous pourrons pique-niquer au pied du vieux chêne, c'est le plus vieux de la forêt. Il a trois cent quatre-vingts ans, paraît-il. Ensuite je propose de poursuivre par ce sentier-là, et puis ce chemin-ci. Ça vous va?

Blanche: Je ne trouve rien à y redire. Allez, en route maintenant. Il est temps de partir si nous voulons arriver à Barbizon de bonne heure.

Après quelques minutes de marche, Pierre a remarqué:

Pierre: C'est incroyable, le nombre d'espèces différentes d'arbres et de fleurs que peut compter cette forêt. Blanche, tu peux me dire comment s'appelle cet arbre-ci? Et celui-là?

Blanche s'est mise à rire.

Blanche: Désolée, Pierre, mais je ne m'en souviens plus. J'ai appris leurs noms à l'école primaire mais c'est loin. Si vous voulez, je vais inviter un botaniste. Mais si tu fais bien attention, tu trouveras sur le parcours de nombreuses petites pancartes informatives sur la faune et la flore de la forêt.

블랑슈 : 너희들에게 한 가지 제안할게 있어. 우리 잠깐 산책이나 할까? 퐁텐블로에서 바르비종까지 걸어서 가는 것은 어때? 어떻게 생각하니? 운동도 될 뿐만 아니라 숲의 고요함과 시원함을 만끽할 수 있을 거야. 숲에서는 공기가 매우 깨끗하기 때문에 우리에게 만족감을 줄 수 있을 거야. 너희들 동의하지?

삐에르 : 물론이지, 좋은 생각이야. 여기보단 확실히 더 나을 거야. 이곳에서의 여름은 우리나라의 여름과 매우 다르구나. 이곳은 매우 덥고 매우 건조해.

블랑슈 : 보니까 너의 상의가 시원해 보이지 않는구나. 너도 알다시피, 상의를 벗으면 좀 더 나아질 거야. 내 안내서를 보니까 수많은 길들이 있는데 모두가 다 비할 데 없이 마음에 들 것 같아. 출발점은 여기이고 바르비종은 반대 편 쪽에 있기 때문에, 우리는 숲을 가로 질러가야해. 삐에르, 너에게 산책 경로를 선택할 수 있도록 할텐데 너무 어렵지 않은 산책로를 골라줘. 나는 두 시간 정도의 산책이면 충분할 것 같아.

삐에르 : 알았어. 가장 짧은 길을 선택하자.

블랑슈 : 네가 지도를 찾는 동안 마리와 나는 장보러 갈 거야. 오솔길에서 점심을 먹기로 하자. 조그맣고 마음에 드는 길 가장자리를 발견하는 것은 어렵지 않아. 마리, 너는 빵을 맡아라. 나는 햄 가게에 다녀올게.

소녀들이 잠시 후에 돌아왔다.

블랑슈 : 바게뜨 하나, 과일 몇 개, 세 조각의 햄과 적 포도주 한 병으로 끝내려고 하는데 이 정도면 너희들 마음에 들겠지?

삐에르 : 완벽해. 나는 더 잘하지 못했었을거야. 더할 나위 없이 좋아. 자, 내 의견으로는 숲에서 가장 오래된 떡갈나무 발치에서 피크닉을 할 수 있을거라 생각해. 그 떡갈나무는 약 380년 정도 된 것 같아. 그 다음에는 이 길 다음에 저 길을 따라 갈 것을 제안해. 괜찮니?

블랑슈 : 전혀 흠잡을 것이 없어. 자, 지금 출발하자. 우리가 바르비종에 일찍 도착하려면 떠날 시간이야.

산책을 시작한지 몇 분 후에 삐에르가 말했다:

삐에르 : 정말 믿을 수 없다. 이 숲에는 셀 수 없을 정도로 다양한 꽃과 나무들의 종류들이 있구나. 블랑슈, 여기 이 나무의 이름이 무엇인지 말해줄 수 있니? 그리고 저것도?

블랑슈는 웃기 시작했다.

블랑슈 : 삐에르, 미안하지만 나는 더 이상 기억이 나질 않아. 내가 그 나무들의 명칭을 배운건 초등학교에서이기 때문에 너무 오래되었단다. 네가 원한다면, 나중에 식물학자 한분을 초빙해줄게. 그렇지만 네가 주의를 기울이면, 이 숲에 있는 동물 종류와 식물 종류들에 관한 수많은 작은 정보 안내 표지판들을 길을 가다가 발견할 수 있을 거야.

Si on imparfait(반과거)? : ~하지 않을래요?, ~하는 건 어때요? (청유형 명령 표현)

la randonée : 산책

faire du bien à qn : ~에게 좋다

pourquoi pas : 왜 안 돼?, 찬성이야

meilleur que ~ : ~보다 더 좋은

tellement : 무척

sec, sèche : 메마른, 건조한

la veste : 상의, 윗도리

enlever : 벗다, 제거하다

à l'aise : 편안하게

se situer : 위치해 있다

le parcours : 코스, 여정, 인생 역정

suffire : 충분하다

c'est entendu : 물론

la carte : 지도, 카드, 메뉴

faire les courses : 장보다

le coin : 구석

la charcuterie : 햄가게, 돼지고기 정육점, 돼지고기 제품

la tranche : 슬라이스, 조각

la bouteille : 병

c'est la cerise sur le gâteau : 일의 대미를 장식하다

convenir à ~ : ~에 적합하다

de mon côté : 나로서는

au pied de ~ : ~의 발치에서

paraît-il : 아마도

poursuivre : 따라가다, 계속가다

de bonne heure : 일찍

incroyable : 믿을 수 없는

l'espèce (f.) : 종류

compter : 셈하다

se mettre à inf : ~하기 시작하다

désolé : 유감인

l'école primaire : 초등학교

le botaniste : 식물학자

la pancartre : 표지판, 안내판

la faune : 동물군 (어떤 지역이나 환경에 분포하는 모든 동물 종류)

la flore : 식물군 (어떤 지역이나 환경에 분포하는 모든 식물 종류)

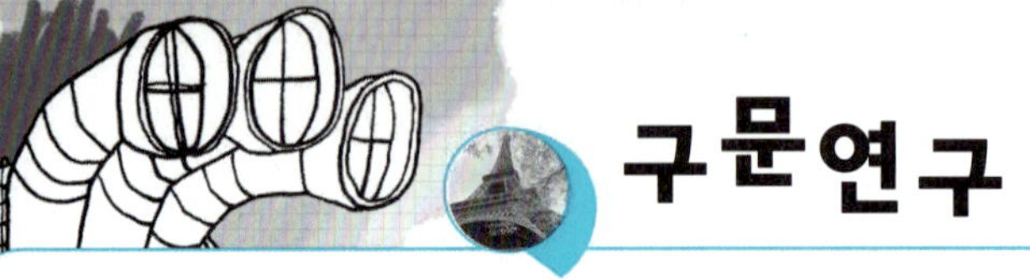

구문연구

❶ 명사 **à inf** 구문 - ~해야 할 ~

un devoir à finir 끝내야 할 숙제
une chose à faire 할 일

이런 뜻을 갖기 위해서는 명사가 동사의 직접 목적보어가 돼야 한다.

그렇지 않으면 보통 용도의 뜻을 갖는다.

une salle à manger 식당
une machine à coudre 재봉틀

❷ **dire** 동사의 다른 뜻 - 생각하다

Qu'est-ce que vous en dites? = Qu'en dites-vous?
당신은 그것에 대해서 어떻게 생각하십니까?

❸ **bon**의 우등 비교급 **meilleur**

Il fera certainement meilleur qu'ici.
여기보다는 틀림없이 날씨가 더 좋을 것이다.

Le vin français est meilleur que le vin italien.
프랑스 포도주는 이탈리아 포도주 보다 더 맛이 좋다.

4 전미래의 과거 추측 용법

Je n'aurai pas fait mieux. 나는 더 잘하지 못했었을거야.

Marie n'arrive pas encore. Elle aura manqué son train.
마리가 아직 도착하지 않고 있어. 열차를 놓쳤을거야.

avoir raison : 옳다 ↔ avoir tort : 틀리다

Vous avez raison. ↔ Vous avez tort.
당신 말이 옳습니다. ↔ 당신 말이 틀렸습니다.

être pareil à - : ~과 똑같다, 비슷하다

Tu es bien pareil à mon frère.
너는 내 오빠랑 똑같아.

d'ailleurs : 게다가, 더군다나

Il a d'ailleurs ajouté qu'il ne pouvait pas terminer ce travail.
그는 더군다나 자기는 그 일을 끝낼 수 없다고 덧붙여 말했다.

ailleurs : 다른 곳에서, 다른 곳으로

La question est ailleurs.
문제는 다른 곳에 있습니다.

faire sa connaissance : 사귀다, 알게 되다

Je suis très heureux de faire votre connaissance.
당신을 알게 되어서 매우 기쁩니다.

10

Personnellement, je préfère l'art abstrait.

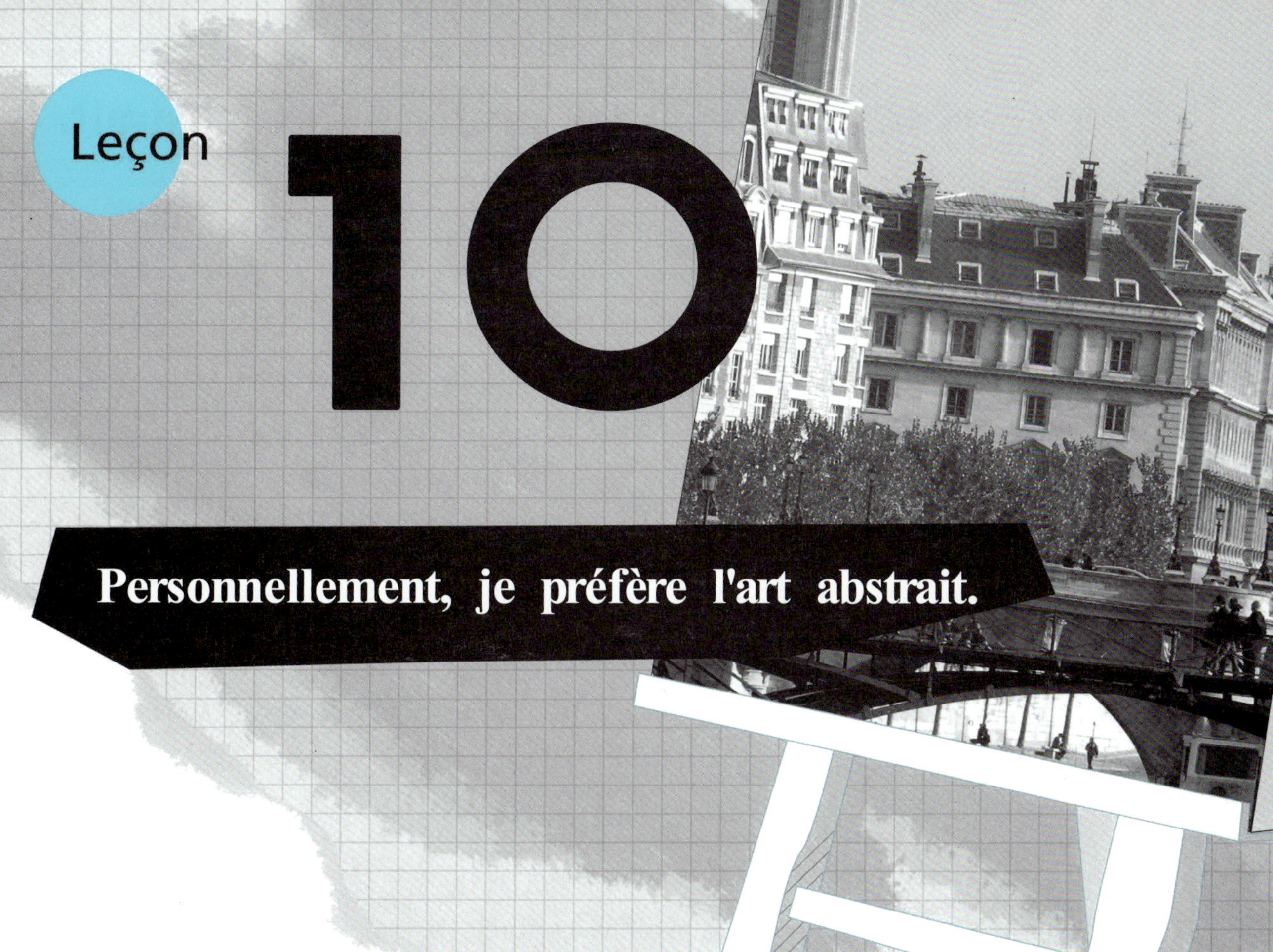

⑥·· 미리 들어 보세요.

C'est là qu'ont vécu au XIXè siècle les peintres Corot et Millet.

C'est également là qu'ils ont peint leurs plus beaux tableaux.

Pendant leur longue promenade, les trois amis ont été subjugués.

Ils étaient tous éperdument amoureux de la nature.

Ils ne craignaient pas de sortir de leur atelier pour peindre la forêt, la campagne et les paysans tel qu'ils les voyaient.

La grande rue de Barbizon est jonchée d'hôtels qu'envahissent touristes et parisiens à la recherche de tranquillité.

Assommé par le vacarme de la vie moderne, ils y trouvent le repos.

L'air pur de la forêt leur permet de se recharger les batteries et de reprendre des couleurs. C'est comme un grand bol d'oxygène.

Je n'aime pas beaucoup cette sorte de peinture, je m'en fatigue vite.

Cette longue marche m'a épuisée.

Personnellement, je préfère l'art abstrait.

Le petit village de Barbizon est situé à une dizaine de kilomètres au nord-ouest de Fontainebleau. C'est là qu'ont vécu au XIXè siècle les peintres Corot et Millet, c'est également là qu'ils ont peint leurs plus beaux tableaux. Des écrivains les y ont rejoints, attirés par la beauté et le calme de la forêt, et par la splendeur des paysages.

Pendant leur longue promenade, les trois amis ont été subjugués, ils parlent de ces nombreux petits chemins charmants qui vont et viennent, se faufilent au travers des arbres. En marchant, Blanche a expliqué à ses amis quels étaient les peintres qui avaient formé l'Ecole de Barbizon.

- Ils étaient tous éperdument amoureux de la nature. Ils ne craignaient pas de sortir de leur atelier pour peindre la forêt, la campagne et les paysans tel qu'ils les voyaient. Quelques années plus tard, sûrement inspirés par cette tendance, les peintres impressionnistes aussi peindront en plein air. Ils jetteront savamment sur leurs toiles des taches de couleurs en les disposant pour reproduire les jeux de lumière que leur offrait la nature. La grande rue de Barbizon est jonchée d'hôtels qu'envahissent touristes et Parisiens à la recherche de tranquillité l'instant d'un week-end, tentant de fuir l'agitation et la pollution de la grande ville. Assommés par le vacarme de la vie moderne, ils y trouvent le repos, l'air pur de la forêt leur permet de se recharger les batteries et de reprendre des couleurs. C'est comme un grand bol d'oxygène.

Après avoir visité les ateliers des peintres qui jadis avaient vécu en ces lieux, Pierre a dit:

- Je n'aime pas beaucoup ce type de peinture, je m'en fatigue vite. Tous ces tableaux ressemblent à des cartes postales. Personnellement, je préfère l'art abstrait.

Blanche lui a répondu:

- Cette longue marche m'a épuisée. Si tu veux bien, on en reparlera demain puisque nous allons visiter le musée du Louvre. Là-bas, tu en verras de toutes sortes et de toutes les couleurs. Tu pourras y admirer les tableaux des peintres français du XIXè siècle. Mais maintenant j'ai faim et j'ai sommeil. Le car ne partira que dans deux heures. On peut acheter quelque chose à grignoter et s'installer à la terrasse d'un café.

바르비종이라는 조그만 마을은 퐁텐블로에서 북서쪽으로 약 10여 킬로미터 떨어진 곳에 위치해 있다. 바로 그곳에서 19세기에 꼬로와 밀레라는 화가가 살았고 또한 그들의 가장 아름다운 그림을 그렸던 곳이기도 하다. 숲의 고요함과 아름다움, 그리고 풍경의 수려함에 이끌린 작가들은 그 화가들을 그곳에서 다시 만났다.

그들의 긴 산책동안에 세 친구들은 매료되어 오고가는 아기자기한 길에 대하여 이야기를 나누고, 나무들 사이로 구부구불한 길을 따라 걸어갔다. 산책을 하면서 블랑슈는 친구들에게 바르비종 학파를 세웠었던 화가들이 어땠었는지를 설명했다.

– 그들은 자연을 너무나 사랑한 나머지 숲, 들판, 시골 사람들을 보여지는 그대로 그리기 위해 그들의 아뜰리에를 박차고 나올 것을 두려워하지 않았어. 몇 년 후에 이러한 화풍에 영감을 얻은 인상파 화가들 또한 야외에서 그림을 그렸지. 그들은 자연이 그들에게 부여해주는 빛의 유희를 재구성하기 위해서 색깔의 점들을 능숙하게 화폭에 던지게 된단다. 바르비종의 대로들은 주말을 이용하여 대도시의 오염과 혼돈으로 부터 빠져 나오려고 하는 빠리 시민들과 관광객들이 차지하는 호텔들로 가득차 있어. 현대 도시의 혼란스러움에 지친 그들은 바르비종에서 그들의 휴식을 발견하고, 숲의 맑은 공기는 그들에게 에너지를 재충전하도록 해주고 화색을 되찾게 해주고 있어. 그곳은 마치 커다란 산소통과 같은 곳이지.

예전에 이 장소에서 살았던 화가들의 작업실들을 방문한 후에 삐에르가 말했다 :

– 나는 이러한 종류의 그림을 별로 좋아하지 않아. 빨리 싫증이 나거든. 모든 이 그림들은 우편엽서를 닮은 것 같아. 개인적으로 나는 추상 예술을 더 좋아해.

블랑슈가 그에게 대답했다 :

- 오늘의 이 긴 산책이 나를 지치게 했어. 원한다면 내일 그것에 대해 다시 대화를 나누도록 하자. 왜냐하면 우리는 내일 루브르 박물관을 방문하러 가기 때문이야. 거기에서 너는 모든 색채와 종류의 그림들을 볼 수 있을거야. 거기에서 19세기의 프랑스 화가들의 그림들을 감상할 수 있을 거야. 그러나 지금 나는 배고프고 졸립다. 시외버스가 단지 2시간 후에 출발할 거야. 우리 뭐 좀 먹을 것을 사서 카페 테라스에서 앉아 있을 수 있어.

une dizaine de ~ : 10여, 10의

rejoindre : 다시 만나다

peindre : 그림 그리다, 묘사하다

attirer : 끌어들이다, 유혹하다

la splandeur : 빛, 화려함

subjuguer : 사로잡다, 매료시키다, 정복하다

se faufiler : 교묘히 빠져나가다, 교묘하게 구불거리며 뻗어 나가다

au travers de ~ : ~을 가로질러

éperdument : 완전히, 미친듯이

craindre de inf : ~를 두려워하다

tel que ~ : ~처럼, ~같이

la tendance : 경향

en plein air : 바깥에서, 노천에서 (= à l'air = dehors)

jeter : 던지다

savamment : 교묘하게, 박식하게

la toile : 캔버스, 그림

la tache : 얼룩, 점

disposer : 배열하다

joncher : 흩뿌리다, 여기저기에 널어놓다

envahir : 몰려들다, 침입하다

à la recherche de ~ : ~을 찾아서

tenter de inf : ~하려 애쓰다 (= chercher à inf = essayer de inf)

fuir : 멀리하다, 피하다, 도망치다

l'agitation (f.) : 소란, 동요, 혼란

la pollution : 대기 오염, 공해

assommer : 질리게 하다, 죽이다, 몹시 때리다

assommé par ~ : ~에 질려서, ~에 지쳐서

le vacarme : 소란, 소음

le repos : 휴식

se recharger : 재충전하다

la batterie : 배터리

le bol : 사발, (그릇) 공기

l'oxygène (m.) : 산소

jadis : 옛날에, 오래전에

le lieu : 장소, 곳

la sorte : 종류

ressembler à ~ : ~를 닮다

la carte postale : 우편엽서

personnellement : 개인적으로

abstrait : 추상의

épuiser : 고갈시키다, 기진맥진하게 하다

le car : 시외버스

grignoter : 조금씩 먹다, 깨지락거리며 먹다

구문연구

❶ 동격의 de

전치사 de는 동격을 나타내기도 한다.

le petit village <u>de</u> Barbizon 바르비종이라고 하는 작은 마을
la ville <u>de</u> Paris 빠리 시

- Le petit village de Barbizon est situé à une dizaine de kilomètres au nord-ouest de Fontainebleau.

❷ 도치 구문

que 다음에 <u>명사가 주어</u>인 문장이 올 경우에는 도치를 하는게 세련된 표현이다. 대명사가 주어일 경우에는 도치를 안한다.

C'est là qu'<u>ont vécu</u> au XIXè siècle <u>les peintres Corot et Millet</u>, c'est également là qu'<u>ils ont peint</u> leurs plus beaux tableaux.

❸ 최상급

우등(plus)이나 열등(mois) 비교급 앞에 <u>정관사</u>나 <u>소유 형용사</u>가 오면 최상급이 된다.

le plus beau 가장 아름다운
la moins belles 가장 덜 아름다운

mon meilleur ami 나의 가장 좋은 친구 (meilleur는 bon의 우등 비교형)
ma meilleure amie 나의 가장 좋은 여자 친구
leurs plus beaux tableaux 그들의 가장 아름다운 그림들

- C'est également là qu'ils ont peint <u>leurs plus beaux tableaux</u>.

❹ peindre 계열 동사들

peindre(그리다, 묘사하다), joindre(합치다), rejoindre(다시 만나다), craindre(두려워하다), éteindre(끄다), atteindre(도달하다) 동사들은 모두 동일하게 변화하니 항상 함께 암기해야 한다.

현재 - Je peins, Tu peins, Il peint, Nous peignons, Vous peignez, Ils peignent

복합 과거 - J'ai peint ~

단순미래 - Je peindrai ~

반과거 - Je peignais ~

- Des écrivains les y <u>ont rejoints</u>, attirés par la beauté et le calme de la forêt, et par la splendeur des paysages.

📑 **avoir de la chance de + inf : ~해서 운이 좋다, 행운이다**

J'ai de la chance de le voir.
내가 그를 만난 것은 행운이야.

📑 **tout à l'heure : 조금 전에**

Il est venu tout à l'heure.
그가 조금 전에 왔어.

📑 **tout à l'heure : 조금 후에**

A tout à l'heure!
이따 봐!

📑 **en + 시간 : ~만에 (완료의 개념)**

Je ne peux pas le faire en une heure.
나는 한 시간 만에 그것을 할 수 없어.

📑 **se moquer de - : ~를 비웃다, 조롱하다**

Il se moque toujours de moi.
그는 항상 나를 우습게 봐.

C'est de la part de qui?

🎵·· 미리 들어 보세요.

Qui est à l'appareil? C'est de la part de qui?

Ce soir on n'a rien de prévu. Pourquoi?

Blanche avait pour ami un jeune sculpteur qui donnait une fête ce soir-là.

Après quoi quelques invités se sont mis à chanter un air populaire.

A ces mots, on a fait sauter le bouchon du champagne et chacun est allé se servir.

Il ne voyait pas le temps passer, tellement il était absorbé par la discussion.

Certes difficile pour lui mais il y prêtait beaucoup d'intérêt.

Le lendemain, Marie s'est réveillée tôt à cause d'un vilain mal de tête, sûrement pour avoir abusé un peu trop du champagne.

Marie est allée répondre au téléphone qui sonnait:

– Allô? – Qui est à l'appareil? C'est de la part de qui? – Excusez-moi, pouvez-vous parler plus lentement, s'il vous plaît? – Je ne comprends pas bien, qu'est-ce que vous dites? – Ah! C'est vous, monsieur Thomasson? – Bonjour, monsieur le professeur…… Je vous passe Pierre? – Comment? Blanche veut me parler? D'accord.

– Allô, Blanche? – Oui, ça va, et toi? – Ce soir on n'a rien de prévu. Pourquoi? – Merci d'avoir pensé à nous. Pierre sera très content de sortir, j'en suis sûre. Mais qui y va? – Madeleine? Génial! Je l'adore, elle est super. Au fait, chez qui allons-nous? – Chez un de vos amis…… Bon, à tout à l'heure. – Vers 9 heures, devant l'hôtel, c'est ça. – C'est entendu. Ça ne devra pas poser de problèmes à Pierre, il est toujours très rapide à se préparer, et moi, je vais essayer de faire vite.

Blanche avait pour ami un jeune sculpteur qui donnait une fête ce soir-là. Quand les jeunes gens ont frappé à la porte de l'atelier, c'est l'artiste lui-même, Christian qui est venu leur ouvrir. Il avait préparé un bouquet de fleurs pour Marie afin de lui souhaiter la bienvenue, et l'a présentée aux convives. Il lui a demandé de chanter une chanson de son pays, après quoi quelques invités se sont mis à chanter un air populaire. L'un d'entre eux a crié: «Dansons et chantons! La fête commence!». A ces mots, on a fait sauter le bouchon du champagne et chacun est allé se servir. Blanche et ses amis ont dit: «Trinquons à ta réussite et à notre amitié ». De son côté, Pierre s'était mêlé à la conversation d'un petit groupe de jeunes peintres faisant dans l'abstrait, il découvrait de nouvelles techniques. Il ne voyait pas le temps passer, tellement il était absorbé par la discussion, certes difficile pour lui mais il y prêtait beaucoup d'intérêt. Pendant ce temps, Marie dansait, chantait et buvait avec ses nouveaux amis français. Les deux jeunes gens sont rentrés à leur hôtel aux environs de 2 heures du matin après avoir passé une soirée formidable, plein de découvertes et d'enseignements pour l'un, fort bien arrosée pour l'autre.

Le lendemain, Marie s'est réveillée tôt à cause d'un vilain mal de tête, sûrement pour avoir abusé un peu trop du champagne. Pierre, quant à lui, a fait la grasse matinée et a dormi jusqu'à 11 heures du matin. En se réveillant, il s'est rappelé la promesse qu'il avait faite la veille à son nouvel ami sculpteur. Il devait se rendre chez lui après le déjeuner pour l'accompagner au musée d'Art Moderne.

마리는 울리고 있던 전화를 받으러 갔다.

– 여보세요? – 누구십니까? 누구세요? – 죄송합니다만 좀 천천히 말씀해 주시겠습니까? – 잘 이해하지 못하겠습니다. 무엇을 말씀하시는 것이죠? – 아! 또마쏭 씨세요? – 안녕하세요, 교수님…… 삐에르를 바꿔드릴까요? – 뭐라고요? 블랑슈가 저에게 말하고 싶어 한다고요? 알겠습니다.

– 여보세요, 블랑슈? – 응 잘 지내, 너는? – 오늘 저녁에는 아무것도 스케줄이 정해진 것이 없는데. 왜? – 우리를 생각해줘서 고마워. 삐에르도 외출하는 것에 대해 찬성할 거라고 나는 확신해. 그런데 누가 가니? – 마들렌? 잘됐다! 나는 그녀가 너무 좋아. 그녀 정말 최고야!! 그런데 우리는 누구 집에 가는 거니? – 너희 친구 집에…… 좋아, 이따봐. – 9시 경 호텔 앞에서, 그래. – 알겠어. 삐에르에게는 문제없을 거야. 그는 항상 빨리 준비하거든. 나 역시 빨리 준비하도록 노력할게.

블랑슈는 친구로 젊은 조각가 한 사람이 있었는데 그가 바로 그날 저녁 파티를 열었다. 젊은이들이 작업실의 문을 두드렸을때, 젊은 예술가인 크리스띠앙이 그들에게 문을 열어주러 왔다. 그는 마리에게 환영 인사를 하기 위하여 꽃다발을 준비했고 그녀를 초대객들에게 소개했다. 그는 그녀에게 그녀 나라의 노래 중 한곡을 불러 주기를 요청했고, 그 이후에 모든 초대객들이 대중적인 노래를 불렀다. 그들 중의 한사람이 외쳤다. 《자 춤추고 노래하자, 파티가 시작된다!!》 이말에 누군가가 샴페인의 마개를 따고 각자는 샴페인을 마시러 갔다. 블랑슈와 친구들은 말했다; 《너의 성공과 우리의 우정을 위해 건배하자!》 반면, 삐에르는 추상파에서 활동하고 있는 젊은 예술가들과의 대화에 묻혀 있었다. 그는 새로운 기법들을 발견했다. 그는 시간이 가는 줄 몰랐다. 물론 그에게는 어려운 대화 내용이지만 이 대화에 많은 관심을 두었다. 그러는 동안에 마리는 그녀의 새로운 프랑스 친구들과 춤을 추고, 노래를 부르며 술을 마시고 있었다. 한 사람은 충분한 정보들과 새로운 것들의 발견들로 가득차 있었고, 다른 한 사람은 술에 흠뻑 젖은채 멋진 저녁 시간을 보낸 후 두 명의 젊은이들은 새벽 2시 경에야 호텔로 되돌아 왔다.

다음날, 마리는 조금 과하게 샴페인을 마셨기 때문에 머리가 아파서 잠에서 일찍 깨어났다. 삐에르는 11시까지 늦잠을 잤다. 그가 일어났을 때 그는 지난 밤 그의 새로운 조각가 친구와 한 약속이 생각났다. 그는 현대 미술 박물관에 그와 동행하기 위해 점심 식사 후에 그 조각가의 작업장을 가야만 했다.

Qui est à l'appareil? : (전화) 누구세요?

C'est de la part de qui? : (전화) 누구세요?

prévu : 예정된

génial : 훌륭한, 뛰어난

super : 최고의, 멋진, 훌륭한

au fait : 사실

à tout à l'heure : 이따 보자

c'est ça : 맞습니다, 그래

c'est entendu : 물론, 알았어

pour + 무관사 명사 : ~로서 (자격을 나타낸다)

le sculpteur : 조각가

frapper à ~ : ~를 두드리다, 노크하다

afin de inf : ~하도록

la bienvenue : 환영

le convive : 회식자, (식사) 손님

après quoi : 그 후에

d'entre : ~사이에서, ~중에서

sauter : 튀어오르다, (병마개) 따다

le bouchon : (병) 마개

le champagne : 샴페인

trinquer : 건배하다, 서로 부딪히다 (= se heurter)

découvrir : 발견하다

absorber : 열중케 하다, 마음을 빼앗다, 흡수하다, 먹다, 마시다

prêter beaucoup d'intérêt à qch : ~에 많은 흥미가 있다

aux environs de ~ : ~의 근교에서

arrosé : 술을 많이 마신, 물을 맞은

vilain : 불쾌한, (병) 악성의, 나쁜, 추한, 비열한

le mal de tête : 두통

abuser : 남용하다

faire la grasse matinée : 늦잠을 자다

quant à ~ : ~에 대해 말하자면

① 의문대명사

	사람	사물
주격	단순형 Qui + V (누가)	×
	복합형 Qui est-ce qui + V	Qu'est-ce qui + V (무엇이)
목적격	단순형 Qui + V-S (누구를)	Que + V-S (무엇을)
	복합형 Qui est-ce que + SV	Qu'est-ce que + SV

목적격의 단순형은 "동사-주어"순이고, 복합형은 "주어 + 동사"의 순이다.

당신은 누구를 바라보고 있습니까?
Qui regardez-vous? (단순형)
Qui est-ce que vous regardez? (복합형)

당신은 무엇을 바라보고 있습니까?
Que regardez-vous? (단순형)
Qu'est-ce que vous regardez? (복합형)

② 의문 대명사 변화형 : 전치사 + **qui**, 전치사 + **quoi**

que는 전치사 다음에서는 강세형 quoi 로 바뀐다. qui는 불변한다.

너는 누구를 생각하고 있니?
A qui penses-tu? (단순형)
A qui est-ce que tu penses? (복합형)

너는 무엇을 생각하고 있니?
A quoi penses-tu? (단순형)
A quoi est-ce que tu penses? (복합형)

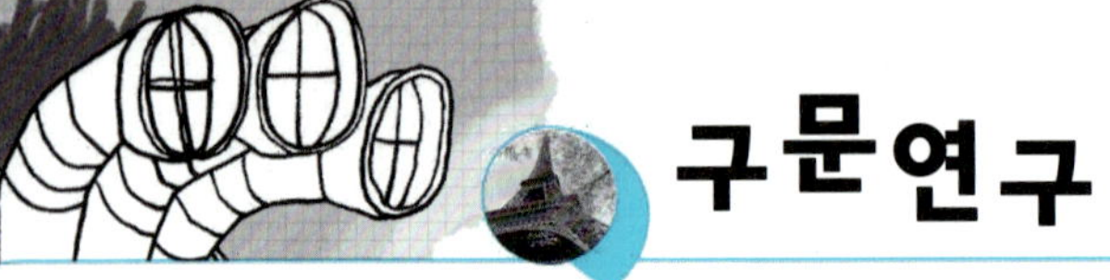

변화형에서의 복합형은 의문사 다음에 무조건 est-ce que를 넣는다.

cf Qui parle? 누가 이야기하고 있니? – 단순형

　　Qui est-ce qui parle? – 복합형

　　(주격이므로 복합형에서 est-ce qui가 들어갔다.)

- Qu'est-ce que vous dites? = Que dites-vous?
- Au fait, chez qui allons-nous? = Au fait, chez qui est-ce que nous allons?

❸ faire + inf : 자동사를 타동사로 만들기도 한다.

A ces mots, on a fait sauter le bouchon du champagne.
이 말에 그들은 샴페인의 마개를 튀어 오르도록 했다.

위 문장에서 동사 sauter 는 의미상 자동사로서 '뛰어 오르다' 란 뜻인데 faire 동사를 앞에 놓으면서 '튀어 오르게 하다' 란 타동사로 쓰인 것이다.

이처럼 자동사 앞에 faire 동사를 놓으면 타동사로 바뀌게 되어 목적어를 취할 수 있다. '~를 ~하게 하다' 란 의미의 사역 동사와 구별되니 주의해야 한다.

❹ 현재분사 –ant

현재분사는 현재 1인칭 복수에서 어간을 따서 어미 -ant를 붙이면 된다. 현재분사는 절대 성, 수 불변하며 명사를 수식할 경우에는 명사 뒤에 위치한다.

De son côté, Pierre s'était mêlé à la conversation d'un petit groupe de jeunes peintres faisant dans l'abstrait.

J'aime les enfants obéissant à leurs parents. (obéir à qn : ~에게 복종하다)
나는 부모님 말을 잘 듣는 아이들을 좋아한다.

❺ 지각동사 + 동사원형 구문

지각동사 다음에 동사가 올 경우에는 원형을 쓰며 그 원형의 의미상의 명사
주어는 동사 원형 앞, 뒤에 다 올 수 있다.

Il ne voyait pas le temps passer. = Il ne voyait pas passer le temps.
그는 시간이 흐르는 것을 알지 못했다.

Elle se repose à la terrasse du café en regardant passer la foule.
= Elle se repose à la terrasse du café en regardant la foule passer.
그녀는 까페 테라스에서 사람들이 지나가는 것을 보면서 휴식을 취하고 있다.

❻ 부사 만드는 법

일반적으로 형용사의 여성형에 -ment 을 붙여 만든다.

doux - douce - douce<u>ment</u>   부드럽게
sec - sèche - sèche<u>ment</u>   메마르게
long - longue - longue<u>ment</u>   길게
sûr - sûre - sûre<u>ment</u>   확실하게

그러나 끝이 모음으로 끝나는 형용사는 그대로 -ment 을 붙인다.

poli - poli<u>ment</u>   공손하게,
joli - joli<u>ment</u>   예쁘게

예외 gai - gai<u>e</u>ment 즐겁게

★ 특별한 형태의 부사들

précis - préci<u>s</u>ément   정확하게
profond - profon<u>d</u>ément   깊이
évident - évi<u>d</u>emment   분명히
fréquent - fré<u>qu</u>emment   빈번히
prudent - pru<u>d</u>emment   신중하게

servir : 대접하다, (음식 등) 차리다, 내오다

Elle a servi du pain pour tout le monde.
그녀는 모든 사람들을 위하여 빵을 내왔다.

servir à - : ~에 유익하다

Cet appareil ne sert plus à rien.
이 기구는 더 이상 아무짝에도 쓸모가 없다.

se servir de - : ~을 이용하다

Je me sers de ma voiture tous les jours pour aller au bureau.
나는 사무실에 가는데 매일 내 자가용을 이용한다.

tout à fait : 완전히, 매우 (회화에서 très 대신에 많이 쓴다.)

C'est tout à fait difficile.
그건 매우 어려워.

proposer à qn de inf : ~에게 ~할 것을 제의하다

Il m'a proposé d'y aller avec lui.
그는 나에게 그곳에 함께 가자고 제안했다.

Voulez-vous m'accompagner au musée du Jeu de Paume?

🔊 미리 들어 보세요.

Mais ma sœur Marie va se rendre à votre atelier à ma place.

Elle est à peu près terminée et pourtant je n'arrive pas à trouver la touche finale.

Ça représente une danseuse au corps mince, juste à l'instant où elle s'élance.

Marie reste silencieuse au côté du sculpteur qui cherche comment faire aboutir son œuvre.

Mais à présent je piétine, je n'arrive pas à y mettre une fin.

Vous ne trouvez pas que ça cloche?

Il faudra les retoucher mais je n'ose pas de peur de l'enlaidir un peu plus.

J'imagine que dans votre métier il doit être rare d'être totalement satisfait de soi ou de son travail, la plénitude étant une chose compliquée.

C'est aussi une façon de découvrir le monde et d'apprendre à mieux me connaître.

Pierre a téléphoné à Christian pour lui dire:

- Je ne pourrai pas vous rendre visite ce soir, mais ma sœur Marie va se rendre à votre atelier à ma place.

Quand celle-ci sonne à la porte, le jeune sculpteur est en plein travail, il observe une statue. Il crie: «Entrez!» puis interrompant sa réflexion va au-devant de la jeune fille.

Christian: Je vois que vous ne m'avez pas oublié, c'est gentil à vous d'être venue. Suivez-moi, je vais vous montrer la statue que je dois présenter la semaine prochaine à l'exposition de la Jeune Sculpture. Elle est à peu près terminée et pourtant je n'arrive pas à trouver la touche finale. Ça représente une danseuse au corps mince, juste à l'instant où elle s'élance.

Marie reste silencieuse au côté du sculpteur qui cherche comment faire aboutir son œuvre.

Christian: Comment la trouvez-vous? Moi, je n'en suis pas vraiment satisfait. Quand je l'ai commencée, j'étais enthousiaste et plein d'inspiration, mais à présent je piétine, je n'arrive pas à y mettre une fin. Quand je la regarde, je trouve qu'il y a quelque chose qui ne va pas. C'est peut-être un manque de grâce, ou une absence d'expression...... Qu'en pensez-vous? Regardez la poitrine, le cou, les épaules, vous ne trouvez pas que ça cloche? Il faudra les retoucher mais je n'ose pas de peur de l'enlaidir un peu plus. J'ai voulu exprimer le mouvement de la danse mais…… Quelle est votre opinion, Marie?

Marie: J'imagine que dans votre métier il doit être rare d'être totalement satisfait de soi ou de son travail, la plénitude étant une chose compliquée. Personnellement, je trouve qu'elle est très belle et je pense qu'il n'y a rien à y changer.

Christian: Parfois, voyez-vous, quand les mots ne suffisent pas, la sculpture me permet d'exprimer tout ça. Pour moi c'est un moyen de m'extérioriser, de transmettre et de partager avec les autres mes sentiments, de créer de la joie autour de moi. C'est aussi une façon de découvrir le monde et d'apprendre à mieux me connaître. Et puis grâce à la sculpture je peux réaliser mes rêves.

Marie: On peut ressentir tout cela en regardant votre sculpture, c'est pourquoi elle me semble parfaite. Vous ne devez plus y toucher.

Christian: Bon, j'arrête de parler de moi et de mes problèmes sinon vous allez penser que je suis égocentrique. Merci quand même de m'avoir donné votre opinion, ça va beaucoup m'aider. Voulez-vous m'accompagner au musée du Jeu de Paume? Il y a de magnifiques tableaux impressionnistes, et nous pourrons en profiter pour faire un peu plus connaissance.

삐에르가 크리스띠앙에게 다음 말을 하기 위해 전화를 했다.

– 오늘 저녁에 내가 당신을 만나러 방문을 못할 수도 있을 것 같습니다. 하지만 나의 여동생 마리가 내 대신에 당신의 작업실을 방문할겁니다.

그녀가 문을 두드렸을 때, 젊은 조각가는 한창 작업 중이었고, 그는 조각상 하나를 자세히 관찰하고 있었다. 그는 소리친다. 《들어오세요.》 이어서 그의 생각을 접으면서 소녀 앞으로 다가간다.

크리스띠앙 : 나를 잊지 않으셨군요. 와주셔서 감사합니다. 저를 따라오세요. 제가 당신에게 다음 주에 '청년 조각전'에 전시할 조각 작품을 보여드리겠습니다. 거의 완성되었지만 마지막 손질을 하지 못하고 있습니다. 이 작품은 가녀린 젊은 무용수가 막 도약하는 순간의 모습을 표현하고 있습니다.

마리는 작품을 완성시킬까 고민하는 조각가 옆에서 침묵한 채 있었다.

크리스띠앙 : 당신은 이 작품을 어떻게 생각하십니까? 나는 이것에 대해 정말 만족하지 못하고 있습니다. 제가 이 작품을 시작할 때에는 열정이 넘치고 영감으로 가득 찼었습니다. 그러나 지금은 답보 상태로 마무리 하지 못하고 있습니다. 제가 이것을 바라볼 때 무언가가 조화롭지 못한 것을 느낍니다. 아마도 우아함이 부족하거나 표현력의 부재일 것입니다. 어떻게 생각하시나요? 가슴, 목, 어깨를 보세요. 당신은 무언가 이것이 잘못되어 있다고 생각하지 않으세요? 그 부분들을 다시 손질을 해야 하지만 오히려 작품을 더 손상시킬까 두려워 감히 엄두도 내지 못하고 있습니다. 나는 춤의 동작을 표현하고 싶었는데……. 당신의 의견은 어떠십니까?

마리 : 제 생각에는 당신의 직업에서 자기 자신에 대해 혹은 작품에 대해 완전히 만족한다는 일은 드물 거라 여깁니다. 완벽함이란 어렵기 때문입니다. 개인적으로 이 작품은 매우 아름답고 어떠한 변화도 불필요하다고 생각합니다.

크리스띠앙 : 그런데요, 때때로 말로서 충분치 못할 때 조각은 모든 것을 표현해 주도록 해준 답니다. 나에게 있어서 조각이라는 것은 내 자신을 표현하고, 다른 사람들과 나의 감정들을 전달하고 공유하게 하고, 내 주변의 즐거움을 창조하도록 해주는 방법입니다. 뿐만 아니라 세계를 발견하고 내 자신을 더 잘 알도록 배우게 해주는 방법이기도 하지요. 그리고 조각 덕분에 나는 내 꿈들을 실현시킬 수 있습니다.

마리 : 당신의 조각 작품을 바라보면서 그러한 모든 것을 느낄 수 있습니다. 그래서 그 작품이 완벽해 보여요. 더 이상 거기에 손을 대시면 안됩니다.

크리스띠앙 : 좋습니다. 이제 제 이야기나 저의 문제에 대한 이야기는 그만두기로 하지요. 그렇지 않으면 당신은 아마 제가 자기중심적인 사람이라고 생각할 것입니다. 어쨌든 당신의 의견을 제시해 주셔서 감사합니다. 그것은 저에게 도움을 많이 줄 것입니다. 저와 함께 쥬드 뽐 박물관에 가실래요? 인상주의 학파들의 훌륭한 그림들이 많이 있고, 우리는 이번 기회를 이용하여 좀 더 알 수 있게 될 것 같은데.

à ma place : 내 대신에

la statue : 동상

interrompre : 중단하다

la réflexion : 심사숙고, 명상

aller au-devant de qn : ~를 마중가다, ~와 과감하게 맞서다

à peu près : 거의

ne pas arriver à inf : ~할 수 없다

la touche : (구어) 외양, 모양

le corps : 신체, 육체

mince : 날씬한

juste : 바로

à l'instant où ~ : ~하는 순간에

s'élancer : 자신의 몸을 던지다

faire aboutir qc : ~을 성취시키다

enthousiaste : 열광한

piétiner : 제자리 걸음하다

clocher : 잘못 되어가다, 결함이 보이다

oser : 단행하다, 감행하다, 감히 ~하다 (+ inf)

de peur de inf : ~일까 두려워

enlaidir : 추하게하다

le métier : 직업, 생업

la plénitude : 풍부함, 충만함

étant : être 동사의 현재 분사형으로 여기에서는 원인, 이유를 나타낸다

voyez-vous : 간투사로 상대방의 주의를 끌 때 쓴다. (여기요, 여봐요, 여러분)

grâce à ~ : ~덕택에

compliqué : 까다로운, 어려운

parfois : 때때로, 이따금

extérioriser : 표출하다, 표현하다 (= exprimer)

transmettre : 전달하다

la façon : 방법

égocentrique : 자기중심적인, 자기중심의

quand même : 그렇지만

profiter de ~ : ~을 이용하다

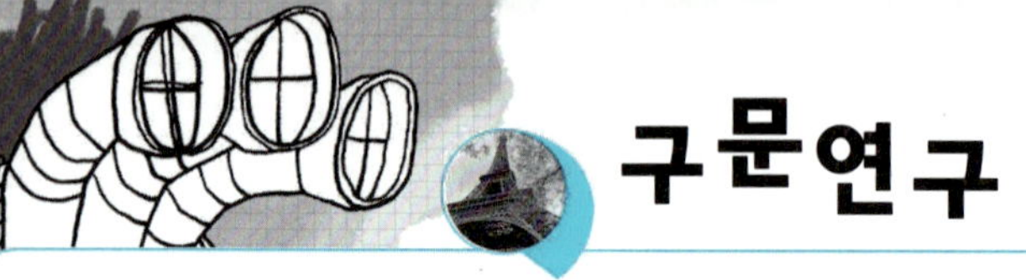

구문연구

❶ 전자, 후자 표현

지시대명사 뒤에 -ci 가 붙으면 후자가 되고, -là 가 붙으면 전자가 된다. 성과 수에 따라 변화하니 문법에 맞게 써야 한다.

지시대명사 - celui, celle, ceux, celles

J'ai une tante et un cousin. Celle-là habite à Paris, celui-ci à Lyon.
나는 숙모와 사촌이 있는데 전자(숙모)는 빠리에 살고 있고, 후자(사촌)는 리용에 살고 있다.

❷ 강세형 soi - 자기 자신

soi는 비인칭 표현이나 부정 대명사 on, personne 구문에서 쓰인다.

J'imagine que dans votre métier il doit être rare d'être totalement satisfait de soi ou de son travail, la plénitude étant une chose compliquée.

Il est rare de inf : ~하는 것은 드물다 (비인칭 표현)

On a souvent besoin d'un plus petit que soi.
사람이란 흔히 자신보다 더 약한 사람을 필요로 한다.

❸ sembler + 형용사 : ~처럼 보인다 (= paraître)

이 구문에서 형용사는 항상 주어의 성과 수에 일치 시켜야 한다.
On peut ressentir tout cela en regardant votre sculpture, c'est pourquoi elle me semble parfaite.

Ils semblent contents.   그들은 만족해 하는 것 같다.
Elles paraissent fatiguées.   그녀들은 피곤해 보인다.

13

Elle portera la toute dernière création d'un des plus grands couturiers parisiens.

 미리 들어 보세요.

Le seul son de leurs voix m'aide à travailler.

Elle n'est pas encore très connue mais ses bijoux sont très originaux et très appréciés.

J'ai un programme très chargé mais qui devra vous intéresser.

Il m'a demandé d'assister à la séance car il apprécie mes critiques, vous nous donnerez votre opinion.

Jacques a beaucoup d'esprit, vous verrez, et le lac du bois de Boulogne vous plaira certainement.

Elle portera la toute dernière création d'un des plus grands couturiers parisiens.

Il faudra être très discrète et n'en parler à strictement personne.

Je connais un endroit très sympa où l'on sert le meilleur café de tout Paris.

N'oubliez pas votre crème solaire, le soleil est assez fort à cette saison.

C'est le plus jeune couturier de Paris, il est demandé de partout.

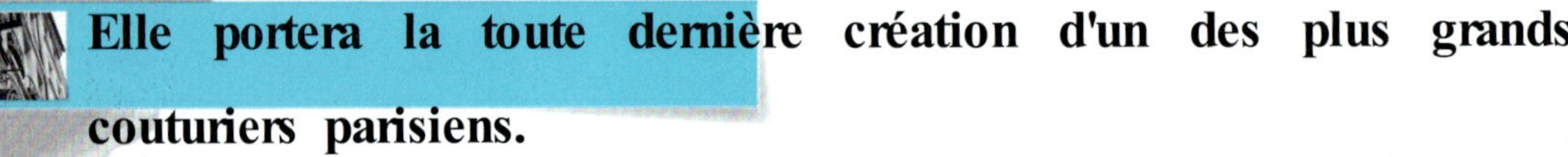

Elle portera la toute dernière création d'un des plus grands couturiers parisiens.

Marie et Pierre ont pris l'habitude de rendre visite régulièrement à leur ami Christian. Le jeune sculpteur leur avait dit:

- Je ne suis pas quelqu'un de très bavard mais j'aime la présence de mes amis, j'aime les sentir à mes côtés et les entendre discuter, le seul son de leurs voix m'aide à travailler. Puisque nous sommes voisins, n'hésitez pas à venir me voir, ma porte vous sera toujours grande ouverte.

C'est chez Christian que Marie a fait la connaissance de Claude, une jeune fille charmante et très joyeuse. Claude est créatrice de bijoux pour les plus grands couturiers de la rive droite. Elle crée des collections comprenant des colliers et des bagues. Elle n'est pas encore très connue mais ses bijoux sont très originaux et très appréciés.

Marie a tout de suite remarqué Claude car elle est la plus élégante des fréquentations de Christian, mais aussi parce qu'elle est très simple, facile d'abord, et qu'elle sourit toujours. La jeune Parisienne vient de faire une proposition à Marie:

— Marie, puisque vous êtes attirée par la mode, je vous propose de passer la journée de jeudi en ma compagnie. J'ai un programme très chargé mais qui devra vous intéresser. Il faudra se lever tôt. J'ai rendez-vous avec mon ami Jacques qui est photographe, dans les environs de huit heures du matin, au bois de Boulogne. Il doit y photographier des modèles de robes et de manteaux de la collection automne-hiver. Il m'a demandé d'assister à la séance car il apprécie mes critiques. Vous nous donnerez votre opinion. Nous aurons tout le temps de discuter et je suis sûre que nous rirons beaucoup. Jacques a beaucoup d'esprit, vous verrez, et le lac du bois de Boulogne vous plaira certainement.

Ensuite, nous irons ensemble à l'église de la Madeleine où Jacques doit rencontrer Sophie, l'un des mannequins les plus demandés de Paris. Ils ont prévu une séance photo sur les marches de l'église. Elle portera la toute dernière création d'un des plus grands couturiers parisiens. Cette robe, personne ne l'a encore vue, ce sera une avant-première. Il faudra être très discrète et n'en parler à strictement personne, je vous fais confiance. Puis nous irons déjeuner et prendre un café rue Royale. Comme je sais que vous aimez le café, je connais un endroit très sympa où l'on sert le meilleur café de tout Paris. Ensuite, nous ferons une petite promenade dans les allées du jardin des Tuileries, n'oubliez pas votre crème solaire, le soleil est assez fort à cette saison. L'après-midi, nous passerons faire un tour avenue Montaigne, près des Champs-Elysées, chez l'un de mes amis. C'est le plus jeune couturier de Paris, il est demandé de partout. Je lui ai promis de lui apporter mes dernières créations qu'il m'a commandées pour ses nouveaux modèles d'automne. Vous viendrez, n'est-ce pas, Marie?

Marie a naturellement accepté et s'est fait une joie d'accompagner Claude.

마리와 삐에르는 그들의 친구인 크리스띠앙을 정기적으로 방문하는 습관을 갖게 되었다. 그 젊은 조각가는 그들에게 다음과 같이 말했다:

– 나는 매우 수다스러운 사람은 아니지만 친구들과 함께 있는 것을 좋아합니다. 나는 내 곁에서 그들을 느끼는 것을 좋아하고 그들이 토론하는 것을 경청하는 것을 좋아합니다. 그들의 목소리들만이 내가 작업을 하는데 많은 도움을 줍니다. 우리는 이웃이므로 나를 만나러 오는 것에 대해 주저하지 마십시오. 내 집의 문은 항상 당신들에게 활짝 열려 있습니다.

크리스띠앙의 집에서 마리는 쾌활하고 매력적인 젊은 소녀인 끌로드를 알게 되었다. 끌로드는 쎄느강 우안의 가장 유명한 의상 디자이너들을 위한 보석 디자이너이며 목걸이나 반지를 포함한 콜렉션을 합니다. 그녀는 아직 잘 알려지지 않았지만 그녀의 보석들은 아주 독특하고 호평을 받고 있습니다.

마리는 끌로드에게 주목했다. 그녀는 크리스띠앙이 아는 사람들 중에서 가장 우아하고, 무엇보다도 다가가기 쉽고 항상 미소를 띠고 있기 때문이다. 그 빠리의 젊은 여성은 마리에게 지금 막 다음과 같이 제안했다;

– 마리, 당신은 유행에 매우 관심이 많기 때문에 목요일에 나와 함께 동행하는 것이 어때요? 나의 일정은 조금 빡빡하기는 하지만 당신에게 흥미로울 겁니다. 일찍 일어나야 할 겁니다. 제가 사진작가인 작끄라는 친구와 블로뉴 숲에서 아침 8시 경에 약속이 있기 때문이죠. 그는 그곳에서 올 가을-겨울 콜렉션에 선보일 드레스와 외투 모델들의 사진 촬영을 해야 한답니다. 그는 저의 비평을 좋아하기 때문에 이번 촬영에 참석하길 원하는거죠. 당신도 의견을 우리에게 제시해 주세요. 우리는 충분히 대화를 나눌 것이고 많이 웃을거라 확신합니다. 아시게 되겠지만, 작끄는 재치가 많습니다. 그리고 블로뉴 숲의 호수도 당신 마음에 들거라고 확신합니다.

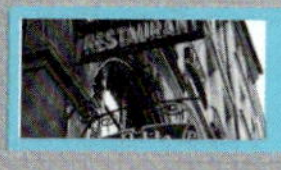 **그녀는 가장 유명한 빠리 디자이너들 중 한사람의 최근 작품을 입을 것입니다.**

그러고 나서 우리는 마들렌느 성당에 함께 갈겁니다. 그 교회에서 작끄는 빠리에서 가장 유명한 모델들 중에 하나인 소피를 만나야 합니다. 그들은 성당의 층계에서 사진 촬영을 계획하고 있습니다. 그녀는 가장 유명한 빠리 디자이너들 중 한사람의 최근 작품을 입을겁니다. 아직 아무도 보지 못한 이 드레스는 최초로 공개되는 것이랍니다. 비밀이어야 하고 절대로 아무에게도 말하면 안 됩니다. 당신을 믿습니다. 그리고 우리는 점심을 먹으러 갈 것이고 롸이얄 거리로 커피를 마시러 갈 겁니다. 저는 당신이 커피를 좋아한다는 것을 알고 있어서 빠리 전역에서 가장 풍미 있는 커피를 내고 있는 매우 좋은 곳을 제가 알고 있거든요. 그리고 우리는 뛸르리 정원의 오솔길에서 잠시 동안 산책을 할 것이니 썬크림 가져 오는 것을 잊지 마세요. 이 계절에는 햇살이 매우 강합니다. 오후에 우리는 제 친구들 중의 한 친구 집이 있는 샹제리제 거리 근처의 몽테뉴 거리를 한바퀴 돌러 잠깐 들릴 것입니다. 그는 빠리의 가장 젊은 디자이너로 여기저기에서 인기가 있죠. 그의 새로운 가을 시즌의 의상 모델들을 위해서 그가 나에게 주문한 나의 최근 창작품을 그에게 가져다주겠다고 제가 약속했거든요. 함께 가실거죠, 마리?

마리는 당연히 받아 들였고 끌로드를 동행하는 것이 기뻤다.

prendre l'habitude de inf : ~하는 습관이 생기다

régulièrement : 규칙적으로, 정기적으로

bavard : 수다스러운

le son : 소리

puisque : ~이기 때문에

hésiter à inf : ~하기를 주저하다

faire la connaissance de qn : ~와 사귀다

le créateur, la créatrice : 제조자, (예술) 작가

le bijou : 보석

le couturier : 디자이너

comprendre : 포함하다, 포함시키다, 이해하다

le collier : 목걸이

la bague : 반지

connu : 알려진, 유명한 (↔ inconnu)

original : 독창적인

apprécié : 높이 평가되고 있는, 널리 애호되고 있는

tout de suite : 즉시, 당장에

remarquer : 주목하다

la fréquentation : 빈번히 만나는 사람, 자주 만남, 교우 관계

d'abord : 우선

la mode : 유행, 패션

chargé : 가득찬, 책임이 있는

dans les environs de ~ : ~경에, ~근교에

la séance : 모임, 회합

apprécier : 존중하다, 평가하다

le mannequin : 모델

prévoir : 준비하다, 예측하다, 추측하다, 예비하다

l'avant-première (f.) : (최초로 공개되는) 시사회, 시연

discret : 비밀을 지키는, 입이 무거운, 신중한

strictement : 엄격하게, 완전히

faire confiance à qn : ~를 신뢰하다, 믿다
faire un tour : 한 바퀴 돌다, 일주하다
partout : 도처에, 여기저기에
la création : 창작품, 창조
commander : 주문하다, 명령하다

구문연구

❶ **quelqu'un de** + 형용사, **quelque chose de** + 형용사

Je cherche quelqu'un de consciencieux.
나는 성실한 누군가를 찾고 있다.

Vous cherchez quelque chose de bon?
당신은 맛있는 무엇인가를 찾고 계십니까?

- Je ne suis pas quelqu'un de très bavard.

❷ 지각동사 + **inf** 와 같이 쓰인 대명사의 위치는 항상 지각동사 앞이다.

J'aime entendre dicuter mes collègues. → J'aime les entendre dicuter.

- Mais j'aime la présence de mes amis, j'aime les sentir à mes côtés et les entendre discuter.

Je vois Marie venir. → Je la vois venir.

❸ **comprendre** 동사 – 포함하다, 포함시키다, 이해하다

Claude est créatrice de bijoux pour les plus grands couturiers de la rive droite, elle crée des collections comprenant des colliers et des bagues.

위 문장에서는 '포함하다' 란 의미로 쓰였으며, 여성 복수 des collections을 꾸며 주지만 현재분사이므로 불변한다.

4 접속사의 반복을 피하기 위한 대접속사 **que**

똑같은 접속사를 다음 문장에서 계속 쓰는 것은 좋은 표현이 아니다.

Marie a tout de suite remarqué Claude parce qu'elle est la plus élégante des fréquentations de Christian, mais aussi (parce) qu'elle est très simple et facile d'abord, et (parce) qu'elle sourit toujours.

parce que를 반복하기 보다는 다음 문장에서 같은 의미의 표현을 쓸 경우에는 que를 쓰는게 세련된 표현이다.

5 **on** 앞에서 모음과 모음의 충돌을 피하기 위한 표현 **l'on**

on 앞에 쓰이는 정관사 모음 축약형 l' 은 어느 경우라도 모음의 충돌을 피하기 위한 것이다. 또한 모음과 모음의 충돌이외에도 어감상 발음이 안좋은 경우에도 많이 쓰인다.

Je connais un endroit très sympa où l'on sert le meilleur café de tout Paris.

Comment l'on peut t'oublier? 어떻게 너를 잊을 수 있니?

6 비교급

❶ 형용사, 부사 비교

우등비교 : plus + 형용사, 부사 + que
     → ne ~ pas plus ~ que

동등비교 : aussi + 형용사, 부사 + que

→ ne ~ pas aussi ~ que

= ne ~ pas si ~que

열등비교 : moins + 형용사, 부사 + que

→ ne ~pas moins ~que

Elles sont plus blles que moi.

→ Elles ne sont pas plus belles que moi.

(비교의 que뒤에서는 강세형을 쓴다.)

Elles sont aussi belles que toi.

→ Elles ne sont pas aussi belles que toi.

= Elles ne sont pas si belles que toi.

Elles sont moins belles que toi.

→ Elles ne sont pas moins belles que toi.

☑ 특별한 형태를 갖는 비교급 (형용사)

bon : meilleur que (우등비교)

　　　aussi bon que (동등비교)

　　　moins bon que (열등비교)

mauvais : plus mauvais que (우등비교) → 구체적인 표현에서 쓰임.

　　　　aussi mauvais que (동등비교)

　　　　moins mauvais que (열등비교)

　　　　pire que (우등비교) → 추상적인 표현에서만 쓰임.

Ce repas est plus mauvais que celui d'hier.

이 식사는 어제의 것보다 더 형편없다.

Sa peine est pire que la vôtre.

그의 고통은 당신의 것보다 더 심하다.

petit : plus petit que (우등비교) → 구체적인 표현에서 쓰임.
   aussi petit que (동등비교)
   moins petit que (열등비교)
   moindre que (우등비교) → 추상적인 표현에서 쓰임.

Cet enfant est plus petit que son frère.
이 아이는 그의 동생보다 더 작다.

Sa peine est moindre que la vôtre.
그의 고통은 당신의 것보다는 덜하다.

☑ 특별한 형태를 갖는 비교급(부사)

bien : mieux que (우등비교)
   aussi bien que (동등비교)
   moins bien que (열등비교)

peu : moins que (우등비교)
   aussi peu que (동등비교)
   moins peu que (열등비교) – 많이 나오지 않는 표현임.

Elle travaille mieux que moi.
Elle travaille moins que vous.

cf 다른 부사의 비교표현

Elle travaille plus vite que moi.
Il court aussi vite que moi.
Elle ne lit pas <u>si</u> habilement que lui. 그녀는 그만큼 잘 읽지 못한다.

❷ 명사의 비교

우등비교 : plus de + 명사 + que
   → ne ~ pas plus de + 명사 + que

동등비교 : autant de + 명사 + que
→ ne ~ pas autant de + 명사 + que
= ne ~ pas <u>tant de</u> + 명사 + que

열등비교 : moins de + 명사 + que
→ ne ~ pas moins de + 명사 + que

Elle a plus de disques que lui.
→ Elle n'a pas plus de disques que lui.

Elle a autant de disques que lui.
→ Elle n'a pas autant de disques que lui.
= Elle n'a pas <u>tant</u> de disques que lui.

Elle a moins de disques que lui.
→ Elle n'a pas moins de disques que lui.

❼ 비교급의 특별표현

Elle est plus jeune que moi <u>de</u> neuf ans. 그녀는 나보다 아홉 살 젊다.
이처럼 수의 정도를 나타낼 때에는 "de + 수"로 한다.

Elle est plus grande que moi <u>de</u> deux centimètres.

Il y a <u>autant</u> d'eau <u>que</u> de vin dans cette bouteille.
이 병에는 포도주만큼의 물이 있다.

autant de N que de N 는 "~만큼 ~하다"의 뜻을 갖는다.

Vous êtes devenu <u>autrement</u> plus riche que moi.
당신은 나하고 비교가 안 될 정도로 부자가 되었다.

이처럼 비교의 정도를 더욱더 강조해 줄 때에는 <u>beaucoup, bien, encore,</u>
<u>autrement</u> 등의 부사를 사용한다.

8 최상급

형용사의 최상급은 비교급 앞에 정관사 le, la, les를 관련이 되는 형용사의
성, 수에 따라 써주면 된다.

부사의 최상급은 성, 수 구별이 없으므로 항상 le를 놓는다.

Elle est la plus jolie jeune fille de ma classe.
C'est le plus remarquable de tous.
Elle travaille le mieux possible. 그녀는 될 수 있는 한 가장 열심히 일한다.

Il partira le plus tôt qu'il pourra.
그는 될 수 있는 한 가장 빨리 떠날 것이다.

C'est la moindre des choses. 그것은 일들 중에서 가장 사소한 것이다.

위에서 보듯이 형용사의 최상급은 보통 뒤에 de를 붙여 주고 있지만, nous,
vous, eux, elles등이 올 때에는 d'entre를 써도 된다.

Elle est la plus belle d'entre nous.

9 최상급의 특별표현

비교급 앞에 소유형용사가 오면 최상급이 된다.

Cette femme est un de nos meilleurs écrivains.
이 여자는 우리가 가장 좋아하는 작가들 중의 한 분이다.
- 주어가 여성이지만 écrivains 이 항상 남성으로 쓰이므로 un을 쓴 것이다.

 최상급이 ce에 걸려 "가장 ~하는 것"의 표현이 될 때에는 정관사 대신
에 de를 쓴다.

Ce qu'il y a de plus ennuyeux, c'est qu'on ne peux plus la voir.
가장 짜증나는 것, 그것은 우리가 더 이상 그녀를 볼 수 없다는 것이다.

회화 작문에 필요한 필수 표현 정리

commencer à inf : ~하기 시작하다

Je commence à étudier la composition française.
나는 프랑스어 작문을 공부하기 시작하고 있어.

commencer par - : ~부터 시작하다

Par quoi commencer? - Je commence par l'apéritif.
무엇부터 시작하시겠습니까? - 아뻬리띠프 부터 하겠습니다.

finir de inf : ~하기를 끝내다

J'ai fini de travailler il y a une heure.
나는 한 시간 전에 일을 끝냈습니다.

finir par inf : 마침내 ~ 하기에 이르다

J'ai fini par comprendre.
마침내 제가 이해했습니다.

tout à coup : 갑자기

Elle m'appelle tout à coup.
그녀가 갑자기 나를 부른다.

14

Tout ce que je sais, je le tiens de lui.

미리 들어 보세요.

On peut se rendre n'importe où en métro.

On peut changer de train autant de fois que ça nous chante.

Bien sûr, il est préférable de consulter le plan du métro pour savoir quelle ligne nous devons prendre.

En outre le plan est distribué gratuitement, il suffit d'en faire la demande au guichet.

Il ne vous est pas venu à l'esprit que les noms des stations de métro et des rues pouvaient avoir une signification?

Ce n'est pas dû à un simple hasard.

Chacune d'entre elles rappellent un événement qui a marqué l'histoire de Paris et de la France.

Au Moyen Age, c'était une construction militaire dont la vocation était de protéger la ville contre ses envahisseurs.

Puis quand Paris s'est agrandi, le Châtelet a été transformé en prison.

La Bastille a connu le même triste sort et c'est pourquoi le peuple parisien la haïssait et l'a détruite au nom de la liberté en 1789.

Tout ce que je sais, je le tiens de lui.

Pendant que les deux jeunes filles parlent de mode, Pierre est en train d'exprimer son admiration pour le métro.

Pierre: Le métro à Paris, c'est fantastique: il va absolument partout. Au Nord, au Sud, à l'Est, à l'Ouest ou même au centre, on peut se rendre n'importe où en métro. En plus on peut circuler pendant des heures et tout ça avec le même billet. On peut changer de train autant de fois que ça nous chante, il suffit de descendre à une station, de se rendre sur un autre quai et de monter dans le premier train qui arrive. C'est un vrai jeu d'enfant, même les étrangers peuvent s'y retrouver facilement. Bien sûr, il est préférable de consulter le plan du métro pour savoir quelle ligne nous devons prendre car elles se croisent en de nombreux endroits et forment un réseau complexe. Leur numérotation en simplifie largement la lecture. En outre, le plan est distribué gratuitement, il suffit d'en faire la demande au guichet. Ce matin, j'ai pris le métro à la station Saint-Michel, arrivé à Châtelet, je suis descendu pour changer de ligne, j'ai vu défiler les stations Hôtel-de-Ville et Bastille. Là, je suis descendu et j'ai encore changé de train. Pour m'amuser j'ai repris la même ligne, mais en sens inverse Hôtel-de-Ville, Châtelet, Louvre, Tuileries, Concorde……

A ce moment, Alain, un grand blond à lunettes a pris la parole:

Alain: Et qu'est-ce que vous avez pensé quand vous avez lu tous ces noms?

Pierre: ……

Alain: Il ne vous est pas venu à l'esprit que les noms des stations de métro et des rues pouvaient avoir une signification? Ce n'est pas dû à un simple hasard. Chacune d'entre elles rappelle un événement qui a marqué l'histoire de Paris et de la France. Par exemple, le Châtelet, savez-vous ce que c'était? Au Moyen Age, c'était une construction militaire dont la vocation était de protéger la ville contre ses envahisseurs puis, quand Paris s'est agrandi, le Châtelet a été transformé en prison. La Bastille a connu le même triste sort et c'est pourquoi le peuple parisien la haïssait et l'a détruite au nom de la liberté en 1789.

Pierre: Vous êtes épatant! On croit entendre le professeur Thomasson.

Alain: Vous connaissez le professeur Thomasson? Quelle coïncidence, c'est justement mon professeur. Tout ce que je sais, je le tiens de lui. Si vous êtes libre jeudi, nous pourrons faire une balade, je pourrai vous éclaircir un peu plus sur les mystères de Paris. Nous pourrons nous retrouver à neuf heures devant Notre-Dame. J'espère qu'il fera beau, sinon nous irons dans un café ou au cinéma.

젊은 두 소녀가 유행에 관해 대화를 나누는 사이, 삐에르는 지하철에 대한 그의 놀라움을 표현하고 있는 중이다.

.

삐에르 : 빠리의 지하철은 정말 환상적이군요. 사방팔방 다 다녀요. 동서남북뿐만 아니라 중앙 지역까지도 사람들은 지하철로 어디든지 갈 수 있습니다. 게다가 똑같은 표로 몇 시간 동안 다닐 수 있습니다. 우리 마음에 드는 만큼 열차를 바꿔탈 수도 있어요. 아무 지하철역에 내려서 맞은편 승강장으로 가서 도착하는 첫 열차에 타기만 하면 됩니다. 마치 정말이지 어린 아이의 놀이 같아요. 심지어 외국인들조차도 자신들이 어디에 있는지 쉽게 파악이 됩니다. 물론 어떤 노선을 타야하는지를 알기 위해서는 지하철의 노선표를 잘 살펴보는게 더 좋죠. 왜냐하면 그 노선들은 수많은 지역에서 교차하고 복잡한 노선도를 만들어내기 때문입니다. 노선마다 번호가 매겨져있어서 충분히 그 노선을 알아보기가 쉽습니다. 더군다나 그 노선도는 무료로 제공되기 때문에 지하철 매표소에서 노선도를 요구하기만 하면 되죠. 오늘 아침에 저는 쌩-미셀 역에서 지하철을 타고 샤뜰레 역에 도착하여 다른 노선으로 갈아타기 위해서 내렸습니다. 저는 시청 역, 바스띠유 역이 연이어 지나가는 것을 보았습니다. 바스띠유 역에서 내려서 나는 다시 열차를 갈아탔습니다. 재미삼아 반대 방향인 시청 역, 샤뜰레 역, 루브르 역, 뛸르리 역, 콩꼬드 역 쪽으로……

바로 그때, 안경을 쓴 키가 큰 알랭이 말을 가로챘다.

알랭 : 그런데 이 모든 역들의 이름을 읽었을 때 당신은 무엇을 생각했었나요?

삐에르 : ……

내가 알고 있는 모든 것을 그로부터 배웠습니다.

알랭 : 이 지하철역과 거리들의 명칭들이 어떠한 의미를 가지고 있다는 생각이 들지 않았습니까? 그것은 단순한 우연이 아니랍니다. 그 명칭들의 각각은 빠리나 프랑스의 역사를 특징짓는 매 사건을 상기시켜 줍니다. 예를 들면 샤뜰레가 무엇인지 아십니까? 중세 시대에 이 샤뜰레는 군사 시설로서 그 목적은 침입자들로 부터 도시를 방어하는 것이었습니다. 그 이후에 빠리가 커지자 샤뜰레는 감옥으로 개조되었죠. 바스띠유 감옥도 마찬가지로 슬픈 운명을 겪었습니다. 그래서 빠리 사람들은 그 감옥을 증오해서 1789년에 자유라는 이름으로 바스띠유를 파괴시켰답니다.

삐에르 : 당신은 정말 놀랍군요! 마치 또마쏭 교수님의 말씀을 듣고 있는 것 같습니다!

알랭 : 또마송 교수님을 아세요? 정말 기막힌 우연이네요, 그분이 바로 저의 교수님이십니다. 내가 알고 있는 모든 것을 그로부터 배웠습니다. 만약 목요일에 시간이 되시면 우리는 함께 산책을 할 수 있을겁니다. 제가 빠리의 신비에 대하여 좀 더 당신에게 설명해 줄 수 있을겁니다. 노트르담 성당 앞에서 9시에 우리 서로 다시 만나기로 해요. 날씨가 좋기를 바랍니다만 그렇지 않으면 카페나 영화관에 가죠.

absolument : 절대적으로, 완전히, 매우

n'importe où : 어디든지

en plus : 게다가

circuler : 통행하다, 유통하다

autant de N que~ : ~한 만큼 (명사에 대한 동등 비교)

chanter à qn : ~의 마음에 들다 (= plaire à qn)

il suffit de inf : ~하는 것으로 충분하다

il est préférable de inf : ~하는 것이 더 좋다

consulter : 찾다, 열람하다, 문의하다

le réseau : (도로 등) 망

la numérotation : 일련 번호, 번호매기기

en outre : 게다다

gratuitement : 무료로

le guichet : 창구, 매표소

défiler : 연이어 지나가다, 열지어 가다

s'amuser : 즐기다

le sens : 방향, 감각

inverse : 반대의

à ce moment : 그때

les lunettes : 안경

dû à ~ : ~에 기인한

le hasard : 우연

rappeler : 상기시키다

l'événement (m.) : 사건

la vocation : 소명, 임무

protéger : 보호하다

l'envahisseur (m.) : 침입자

s'agrandir : 커지다

transformer : 변화시키다

la prison : 감옥

connaître : 겪다, 경험하다, 갖다, 알다

le sort : 운명, 처지

haïr : 증오하다

détruire : 파괴하다

épatant : 훌륭한, 기막힌 (= formidable, merveilleux)

la coïncidence : 우연한 일치, 동시에 일어난 사건

tenir : 알아내다, 파악하다

la balade : 산책

éclaircir : 명확히 하다, 밝히다

sinon : 그렇지 않으면 (= autrement = sans quoi)

❶ savoir와 connaître의 차이

savoir 다음에는 보통 동사의 원형이나 que로서 목적절을 이끈다.

Je sais utiliser le métro à Paris.
나는 빠리에서 전철을 이용할 줄 안다.

Il ne sait pas que cette ligne de métro s'arrête ici.
그는 전철의 이 노선이 여기에서 멈추는 것을 모른다.

connaître는 명사나 대명사를 유도한다.
특히 사람 이름이나 지명이 주로 뒤에 온다.

J'ai connu Anna chez lui. 나는 그의 집에서 안나를 알게 되었다.

Je la connaît bien. 나는 그녀를 잘 알고 있다.

Vous connaissez bien ce quartier? 당신은 이 동네를 잘 아십니까?

그러나 savoir 다음에도 명사가 올 수 있는데 이 경우에 올 수 있는 명사는
학문 이름이나 우리가 나날이 익혀서 알 수 있는 명사들이다.

Je sais le français. 나는 불어를 안다.
Ils savent bien ce poème. 그들이 이 시를 잘 알고 있다.
Savez-vous cette leçon par coeur? 당신은 이 과를 완전히 아십니까?

비교 Je connais le français. 나는 불어를 안다.

이럴 경우에는 connaître가 왔으므로, 프랑스어를 할 줄은 모르지만 프랑스
어가 있다는 정도만 아는 경우가 된다. 잘 쓰는 표현은 아니다.

❷ Le tréma ï - 트레마

트레마가 있는 경우에는 트레마 찍힌 바로 앞 모음에서 일단 발음을 끝내주
고 연결시켜 주어야 한다.

haïr [ai:r] 증오하다
héroïne [erɔin] 여자 영웅
Aïe [ai] 아야

❸ 조건의 표현 en cas de ~ / à condition de ~

en cas de + 명사
à condition de + inf ~이라면

<u>En cas de pluie</u>, nous irons au cinéma.
비가 오면, 우리는 영화관에 갈 것이다.

Vous pourrez réussir <u>à condition de</u> mieux <u>travailler</u>.
더 열심히 한다면 당신은 성공하실 겁니다.

❹ sinon

❶ 그렇지 않으면 (= si ne ~ pas)

Partez tout de suite, <u>sinon</u> vous ne serez pas arrivé à temps.
곧 떠나세요, 그렇지 않으면 당신은 제시간에 도착하지 못할 것입니다.

- J'espère qu'il fera beau, <u>sinon</u> nous irons dans un café ou au cinéma.

❷ ~을 제외하고 (= **sauf, excepté**)

Il ne se préoccupe de rien, <u>sinon</u> de boire et de manger.
그는 마시고 먹는 것 빼놓고는, 아무일에도 신경을 안쓴다.

❸ **sinon que** : ~이외에는

Je ne sais rien, <u>sinon</u> qu'elle est partie.
나는 그녀가 떠났다는 것 이외에는 아무것도 모른다.

❺ 조건의 뜻을 갖는 구문 : 실현 가능한 조건을 나타낸다.

❶ **Si** + 현재, 현재 : ~하면 ~한다

<u>Si</u> on le <u>désire,</u> on <u>peut</u> rouler pendant des heures.
우리가 원한다면, 몇 시간 동안이라도 다닐 수 있다.

❷ **Si** + 현재, 단순미래 : ~하면 ~할 것이다

S'il <u>fait</u> beau demain, je <u>me promènerai</u> avec toi.
내일 날씨가 좋으면, 너와 함께 산책할 것이다.

- <u>Si</u> vous <u>êtes</u> libre jeudi, nous <u>pourrons</u> faire une balade.

❸ **Si** + 현재, 명령법 : ~하면 ~하세요

<u>Si</u> vous <u>voulez</u> sortir avec moi demain, <u>téléphonez</u>-moi ce soir.
내일 저와 함께 데이트하시길 원한다면, 오늘 저녁에 저에게 전화주세요.

6 조건의 뜻을 갖는 구문에서 si절에는 절대로 단순미래가 올 수 없다. Si 절에서는 현재가 단순미래를 대신한다.

S'il fera beau demain, j'irai au parc. (×)

→ <u>S</u>'il <u>fait</u> beau demain, <u>j'irai</u> au parc. (○)

📂 회화 작문에 필요한 필수 표현 정리

📑 Quel +명사 + de inf : ~해서 얼마나 ~한지 (감탄)

Quel plaisir de te voir à Paris.
너를 빠리에서 만나다니 정말 기쁘다!

📑 Cela me fait plaisir de inf : ~해서 기쁘다

Cela me fait plaisir de partir pour la France.
프랑스로 떠나게 되어서 기쁩니다.

📑 C'est entendu : 물론, 알았습니다

Vous pouvez revenir demain? - C'est entendu.
내일 다시 오실 수 있나요? - 물론입니다.

📑 être en train de inf : ~하고 있는 중이다

Le bifteck est en train de cuire.
비프스테이크 익는 중이야.

📑 faire des études de - : ~ 을 공부하다

Je fais des études de langue et de littérature françaises.
저는 불어 불문학을 공부하고 있습니다.

15

C'est complètement époustouflant.

 미리 들어 보세요.

Il ne passe pas toujours à heure fixe et aujourd'hui j'ai dû attendre plus que d'habitude.

L'ensemble se caractérise par une grande unité de style.

L'harmonie et le charme qui s'en dégagent m'attirent beaucoup et me font souvent me promener par ici.

A cet endroit il y a très peu de courant, du coup on peut distinguer de nombreux détails, c'est comme si on regardait dans un miroir.

Je m'imagine l'époque où il n'y avait ni voiture, ni métro et où tout le monde se déplaçait à pied, comme nous.

On ne subit pas la pollution sonore des grands boulevards.

François Le Vau qui fut le premier architecte de Versailles l'a construit en 1640.

Je suis persuadé qu'elle aussi sera séduite par le charme de l'île.

Avant d'aller manger, ça ne te dirait pas de prendre un verre?

On a tellement marché que ça m'a donné soif. Bien sûr, c'est moi qui t'invite.

Puisque tu insistes, allons-y.

C'est complètement époustouflant.

En arrivant devant le Palais de Justice situé dans l'île de la Cité, Pierre a aperçu de loin Alain qui descendait du bus.

— Bonjour. Pierre. Tu ne m'attends pas depuis trop longtemps, j'espère.

— Non, je viens juste d'arriver.

— Tu me rassures. J'avais peur d'être en retard à cause du bus. Il ne passe pas toujours à heure fixe et aujourd'hui j'ai dû attendre plus que d'habitude. Suis-moi, nous allons passer devant Notre-Dame. Juste devant nous, c'est l'île Saint-Louis. Jusqu'au XVIIème siècle il n'y avait ici que deux petites îles recouvertes de mauvaise herbe, elles se nommaient l'île Notre-Dame et l'île aux Vaches. C'est en 1614 qu'on a relié ces deux îles et quelques années plus tard on a commencé à y construire de nobles demeures, des «hôtels» comme on disait alors. Toutes les maisons de l'île ont été bâties en à peine une cinquantaine d'années, un vrai exploit. L'ensemble se caractérise par une grande unité de style. L'harmonie et le charme qui s'en dégagent m'attirent beaucoup et me font souvent me promener par ici. Regarde comme la lumière est belle. Elle apporte une touche unique aux façades sobres et élégantes percées de hautes et somptueuses fenêtres. Si tu regardes vers le fleuve, tu peux apercevoir leur reflet sur l'eau mêlé à celui des arbres qui longent les quais. A cet endroit il y a très peu de courant, du coup on peut distinguer de nombreux détails, c'est comme si on regardait dans un miroir.

Pierre s'est avancé jusqu'à la pointe de l'île et Alain a ajouté:

— Sur le quai Bourbon avec ses vieux arbres, je m'imagine l'époque où il n'y avait ni voiture, ni métro et où tout le monde se déplaçait à pied, comme nous. Tu sais, aujourd'hui encore il n'y a pas de métro sur l'île Saint-Louis. Prenons cette ruelle, elle partage l'île dans sa longueur. C'est la rue Saint-Louis-en-l'Ile. Ici c'est vraiment différent, on retrouve le visage villageois d'autrefois. Les gens se connaissent, se parlent, et on ne subit pas la pollution sonore des grands boulevards. C'est vraiment un autre monde, une autre époque que j'aurais bien voulu connaître.

Les deux jeunes hommes marchaient lentement et Pierre, si bavard habituellement, ne disait aucun mot. Il était devenu muet, il écoutait attentivement son ami.

— Arrêtons-nous un instant devant cet hôtel avant de quitter l'île. C'est l'hôtel Lambert. François Le Vau qui fut le premier architecte de Versailles l'a construit en 1640.

— Je veux amener Marie dans ces petites rues. Je suis persuadé qu'elle aussi sera séduite par le charme de l'île. Et puis je lui raconterai tout ce que tu m'as dit. C'est complètement époustouflant. Avant d'aller manger, ça ne te dirait pas de prendre un verre? On a tellement marché que ça m'a donné soif. Bien sûr, c'est moi qui t'invite.

— Puisque tu insistes, allons-y.

씨떼 섬에 위치한 법원 앞에 도착하면서 삐에르는 버스에서 내리는 알랭을 멀리서 알아보았다.

– 안녕 삐에르! 네가 너무 오래전 부터 나를 기다리지 않고 있기를 바래.

– 아니야, 나도 금방 도착했어.

– 안심이다. 나는 버스 때문에 늦는 줄 알고 걱정했어. 버스는 항상 정확한 시간에 도착하지 않는데다가 오늘 나는 평소보다 더 오래 기다려야 했단다. 나를 따라와. 우리는 노트르담 성당 앞으로 지나갈거야. 우리 바로 앞에 있는 것이 쌩-루이 섬이야. 17세기 까지 여기에는 덤불로 덮인 노트르담이라는 섬과 바슈 섬이라는 두 개의 섬밖에 없었어. 1614년에서야 비로소 두 섬이 연결되었고, 몇 년 후 그 당시 호텔이라고 부르던 귀족들의 거주지가 건설되기 시작했지. 이 섬의 모든 건물들은 겨우 50년 만에 건축되었고 정말 대단한 위업이었어. 그 건물 전체는 단일한 스타일의 건축 양식을 하고 있어. 그 건축물이 풍기는 조화와 매력이 나의 발길을 사로잡아서 나는 이곳에 자주 산책을 하러 온단다. 얼마나 이 빛들이 아름다운지 한번 봐. 그 빛은 화려하고 높은 창문들로 뚫려져 있는 수수하고 우아한 건물 정면에 독특한 외관을 만들어 주고 있지. 강 쪽을 바라보면 강둑을 따라 늘어서 있는 나무들의 영상과 섞여 있는 건물들의 반사된 영상을 볼 수 있을거야. 이 지역에서는 거의 물의 흐름이 없기 때문에 우리가 거울을 통해 보듯이 수많은 세부적인 것을 식별할 수 있어.

삐에르는 섬의 끝까지 갔으며 알랭은 덧붙여 말했다.

– 나는 고목들로 가득한 부르봉 강둑에서 차도, 전철도 없고 우리처럼 모든 이들이 걸어서 이동을 하던 시대를 상상해. 너도 알다시피 쌩-루이 섬에는 오늘날까지도 전철이 다니지 않아. 이 길로 가자. 이 길은 섬을 세로로 나눈단다. 쌩-루이-엉-릴이라는 길이지. 여기는 매우 다르기 때문에 과거의 시골 모습을 발견할 수 있어. 사람들은 서로 잘 알고, 서로 대화를 나누며, 도시에 있는 대로의 소음 공해를 겪지 않고 있어. 정말 다른 세계이고 내가 정말 경험하기를 원했었을 다른 시대야.

두 젊은이들은 천천히 걸었으며, 평소에는 너무나도 수다스러운 삐에르도 아무 말도 하지 않고 있었다. 그는 아무 말이 없었고, 주의깊게 그의 친구의 말을 경청하고 있었다.

- 이 섬을 떠나기 전에 이 대저택 앞에 잠시 멈추자. 이것은 랑베르 대저택이야. 베르사이유 궁전의 첫 건축가였던 프랑스와 르 보가 이 대저택을 1640년에 건축했어.

- 마리를 이 거리로 데리고 오면 좋겠어. 내가 확신하건데 그녀도 역시 이 섬의 매력에 빠져들거야. 그리고 나는 네가 오늘 나에게 말해준 모든 것을 그녀에게 이야기해 줄거야. 정말 굉장하다. 먹으러 가기 전에 한잔 하지 않을래? 너무 많이 걸었더니 목이 마르다. 물론 내가 대접하는거야.

- 네가 원한다면 가자.

apercevoir : 발견하다

rassurer : 안심시키다

d'habitude : 보통, 평상시에

l'herbe : 풀밭

se nommer : 불리다

relier : 연결시키다

noble : 귀족의

la demeure (f.) : 거주지, 처소

à peine : 겨우, 이제 막, ~하자마자

l'exploit (m.) : 성공, 위업

l'ensemble (m.) : 전체

se caractériser : 특정지어지다

l'unité (f.) : 단일성, 통일성, 단위

se dégager : 빠져나오다, 벗어나다

la façade : 정면

sobre : 수수한, 절제하는

percer : 뚫다

somptueux, somptueuse : 화려한

le reflet : 반사, 반영

mêler à ~ : ~에 섞여있는

longer : (~의 가장자리를) 따라가다

le courant : 흐름

du coup : 따라서, 그래서

distinguer : 구별하다

comme si ~ : 마치 ~인 것처럼

le miroir : 거울

la pointe : 끝

se déplacer : 이동하다

la ruelle : 좁은 길

la longueur : 길이

villageois : 마을의

autrefois : 옛날에, 이전에

subir : 겪다, 치르다

sonore : 시끄러운, 울리는, 소리가 나는

le boulevard : 대로

le mot : 단어, 말

muet : 무음의, 소리가 나지 않는

fut : être 동사의 단순과거형으로 문어체에서만 쓰인다.

l'architecte : 건축가

amener : 데리고 오다

être persuadé que ~ : ~를 확신하다

séduit : 매료된, 매혹의

époustouflant : 놀라운, 굉장한 (= extraordinaire)

ça ne te dirait pas de ~? : ~하지 않을래? (dirait는 dire의 조건법 현재형)

prendre un verre : 한잔하다

c'est moi qui t'invite : 내가 살게

puisque : ~이니까, ~인 이상

insister : 주장하다, 고집하다

allons-y. : 그렇게 하자, 그럽시다, 시작합시다

 J'aurais voulu : vouloir 동사의 조건법 과거형으로 '과거추측'을 나타낸다.

구문연구

결과문을 유도하는 표현 : 너무 ~해서 ~하다.

❶ Si + 형용사, 부사, 과거분사 + **que** ~

J'ai attendu l'autobus <u>si</u> longtemps <u>que</u> je craignais d'être en retard.
나는 너무 오랫동안 버스를 기다려서 늦을까 걱정했었다.

Mon amitié pour lui était <u>si</u> forte <u>que</u> j'éprouve les plus grands regrets de sa mort.
그에 대한 나의 우정이 너무 깊어서 나는 그의 죽음에 대해 상당한 슬픔을 느낀다.

❷ 동사 + **tant que** ~

Je l'aimais <u>tant que</u> je ne puis pas me consoler de sa mort.
나는 그를 너무 사랑했기 때문에 그의 죽음에 대해 내 자신을 달랠 수 없다.

❸ tellement + 형용사, 부사, 과거분사 + **que** ~, 동사 + **tellement que** ~

J'ai <u>tellement</u> marché <u>que</u> j'ai envie de m'asseoir.
나는 너무 많이 걸어서 앉고 싶다.

Il allait <u>tellement</u> vite <u>qu</u>'il ne nous a pas vus.
그는 너무 빨리 걸어갔기 때문에 우리를 보지 못했다.

❹ tellement de + 명사 + **que** ~, **tant de** + 명사 + **que** ~

J'avais <u>tellement</u> d'amitié pour lui <u>que</u> sa mort me désole.
나는 그에 대해 너무나 많은 우정을 느꼈기 때문에 그의 죽음이 나를 비탄에 잠기게 한다.

Tout cela a <u>tant de</u> charme <u>que</u> je suis toujours heureux de venir ici.
그 모든 것이 너무나 매혹적이어서 나는 이곳에 오는 것이 항상 기쁘다.

16

Ça me plairait tellement de côtoyer les étudiantes françaises.

미리 들어 보세요.

La majorité des consommateurs étaient des cadres d'entreprise ou des ouvriers.

Les centres d'intérêts des hommes n'ont vraiment rien à voir avec ceux des femmes.

Et puis il y a des lieux où je ne peux pas l'emmener parce que ce serait trop dangereux ou inconfortable pour elle.

Que ce serait bien d'être libre d'aller et de venir où bon me semble!

Si elle me suit, je serai obligé de la prendre en considération et alors je devrai me restreindre.

Si j'étais seul, j'aborderais plus facilement les autres et j'irais au-devant des inconnus.

Et si le destin m'aide, je trouverai peut-être un petit travail qui me permettrait de subvenir à mes besoins.

Ça me plairait tellement de côtoyer les étudiantes françaises.

Ce n'est pas pour lui faire de la peine, mais je pense qu'il est temps que nos chemins se séparent.»

Après le déjeuner, Alain a quitté Pierre car il avait un travail à finir à la Bibliothèque Nationale. Pierre l'a accompagné jusqu'à la rue de Richelieu, puis il s'en est allé se promener dans les jardins du Palais-Royal. C'est en regardant les enfants jouer autour de lui et les pigeons virevolter qu'une pensée lui a traversé l'esprit.

«Qu'est-ce que j'étais bien en compagnie d'Alain, seul entre garçons! Et comme le restaurant où nous avons déjeuné était agréable! La majorité des consommateurs étaient des cadres d'entreprise ou des ouvriers et tous parlaient de leur travail, de politique, des résultats sportifs du week-end ou de telle ou telle marque de voiture, de moto ou de télévision. Les centres d'intérêts des hommes n'ont vraiment rien à voir avec ceux des femmes. J'aime bien ma sœur mais avec elle les discussions tournent toujours autour de la mode, des bijoux ou des produits de beauté. Si je reste avec elle, je sens que je vais passer à côté d'une France qui me correspond, qui me ressemble.

Il y a des choses que je ne peux pas faire avec Marie, des choses qui n'intéressent pas les jeunes filles. Et puis il y a des lieux où je ne peux pas l'emmener parce que ce serait trop dangereux ou inconfortable pour elle. Que ce serait bien d'être libre d'aller et de venir où bon me semble! Si elle me suit, je serai obligé de la prendre en considération et alors je devrai me restreindre. Mais si elle me laissait partir, j'irais là où le vent me porterait. Je marcherais et quand je serais fatigué je ferais de l'auto-stop.

Je prendrais mes repas quand ça me chante et je dormirais où bon me semble sur ma route. Si j'étais seul, j'aborderais plus facilement les autres et j'irais au-devant des inconnus. Et si le destin m'aide, je trouverai peut-être un petit boulot qui me permettrait de subvenir à mes besoins. On comprend tellement mieux les autres quand on travaille avec eux, quand on partage leur quotidien. Si Marie acceptait de partir de son côté, ça me permettrait de découvrir d'autres aspects de la vie française. Ça me plairait tellement de côtoyer les étudiantes françaises. Ce n'est pas pour lui faire de la peine, mais je pense qu'il est temps que nos chemins se séparent.»

점심을 먹고 난 후, 알랭은 국립 도서관에서 할 일이 있었기 때문에 삐에르와 헤어졌다. 삐에르는 알랭을 리슐리우 거리까지 동행했고, 그는 빨래-롸이얄 정원으로 산책을 갔다. 아이들이 그의 주변에서 놀고 비둘기들이 회전하며 날고 있는 것을 보고 있을때 문득 한가지 생각이 스쳐 지나갔다.

알랭과 단지 사내 아이들 끼리만 함께 있어서 정말 좋았어! 그리고 우리가 점심 식사를 한 그 레스토랑은 얼마나 마음에 들었던지! 대부분의 손님들은 회사의 간부들이나 노동자들이었고, 모두가 그들의 일, 정치, 주말의 경기 결과 혹은 자동차, 오토바이 혹은 텔레비전의 여러 메이커들에 관하여 이야기하고 있었어. 남자들의 주요 관심사는 여자 아이들의 관심사와는 매우 다르지. 나는 여동생을 정말 좋아하지만 그녀와 하는 대화는 항상 유행, 보석 혹은 화장품에 관한 주제에서만 맴돌아. 내가 그녀와 함께 머무른다면 나는 나와 일치하며 나랑 닮은 일면의 프랑스 옆으로 지나쳐 갈거라 생각해.

내가 마리와 함께 할 수 없는 것들, 즉 젊은 소녀들의 관심을 끌지 못하는 것들이 있어. 그리고 위험할 것 같고 불편할 것 같기 때문에 그녀를 데리고 갈 수 없는 장소들도 있어. 내 마음이 닿는 곳으로 자유롭게 오고 갈 수 있으면 얼마나 좋을까! 그녀가 나를 계속 따라 다닌다면 나는 그녀를 많이 생각해줘야 하고 제약을 받아야 할거야. 그러나 만일 그녀가 나를 홀로 떠나도록 해준다면, 바람이 나를 이끌어 주는 곳으로 갈 수 있을텐데. 걸어 다니다가 피곤해지면 히치하이킹도 할 수 있을텐데. 내킬 때 끼니를 때우고 길을 가다가 내 마음에 드는 곳에서 잘 수도 있을텐데. 만일 내가 혼자라면 남들에게 좀 더 수월하게 다가갈 수 있고 낯선 이들에게 내가 먼저 다가갈 수 있을 텐데. 그리고 운명이 나를 도와준다면, 내가 필요한 만큼의 돈을 벌 수 있는 일을 찾을 수 있을거야. 사람은 함께 일을 하고 그들의 일상을 공유하면서 서로를 좀 더 잘 이해할 수 있거든. 만약 마리가 자신은 자신의 방향으로 떠날 것을 받아들인다면, 나에게 프랑스 생활의 다른 모습들을 발견할 수 있게 해줄텐데. 프랑스 여대생들과 친해지면 정말 좋을 텐데. 그녀를 마음 아프게 하고 싶지는 않지만 우리의 갈 길이 서로 나누어질 시간이라 생각해.

la Bibliothèque Nationale : 국립도서관

virevolter : 빙글빙글 돌다, 회전하다

en compagnie de qn : ~와 동반하여

le consommateur : 손님, 고객

le cadre : 간부, 틀, 액자

l'entreprise (f.) : 회사, 기업

tel ou tel, telle ou telle : 이런 저런

la marque : 상표

avoir à voir avec qn / qc : ~와 상관이 있다

tourner : 맴돌다, 돌다

les produits de beauté : 화장품

inconfortable : 불편한, 편하지 못한

sembler bon à qn : ~에게 좋다고 생각되다

où bon me semble : 내 마음에 드는 곳에서

se restreindre : 제한되다

aborder : 접근하다, 말을 걸다

l'inconnu : 모르는 사람

le boulot : 일, 일자리

subvenir aux besoins de qn : ~가 필요로 하는 것을 조달해 주다

le quotidien : 일상적인 일, 일간지

côtoyer : 가까이 지내다, 가깝다

faire de la peine à qn : ~를 괴롭히다

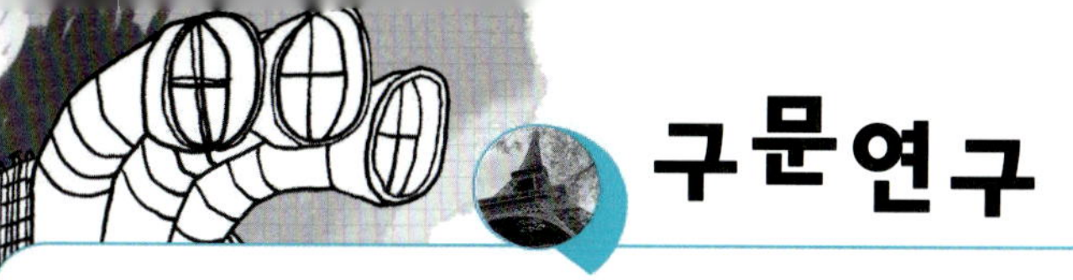

구문연구

❶ 감탄의 표현

문장 앞에 Que ~ , Qu'est-ce que ~ , Comme ~ 등을 쓰면 감탄문이 된다.

Que tu es belle! = Qu'est-ce que tu es belle! = Comme tu es belle!
너는 얼마나 아름다운지!

- Qu'est-ce que j'étais bien en compagnie d'Alain, seul entre garçons!
Et comme le restaurant où nous avons déjeuné était agréable!

❷ 조건법 현재의 동사 변화

예외 없이 단순미래의 어간에다 반과거 어미를 붙인다. 즉, 조건법 현재의
어미와 반과거 어미는 같다. 그러나 조건법 현재는 단순미래의 어간을 취하
고, 반과거는 직설법 현재 1인칭 복수의 어간을 취한다.

조건법 현재의 어미 변화
-ais, -ais, -ait, -ions, -iez, -aient

vouloir   nous voulons 현재 → nous voulions 반과거
           nous voudrons 단순미래 → nous voudrions 조건법 현재

savoir   savons → savions
           saurons → saurions

voir   voyons → voyions
           verrons → verrions

❸ 조건법의 용법

* **Si** + 현재, 현재 (단순미래) → 실현가능 (현재 및 미래)

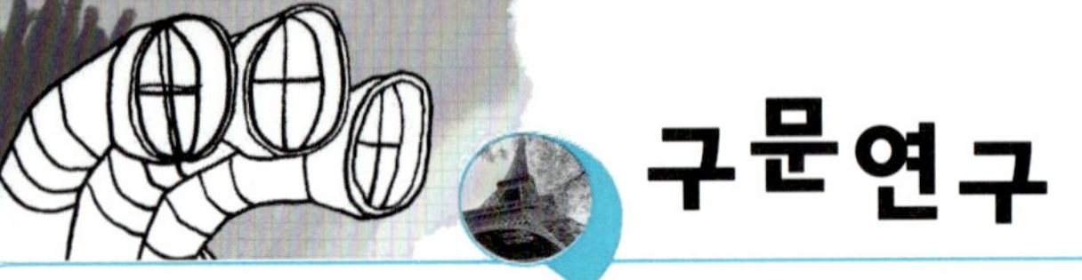

조건법은 아니며 조건의 뜻을 가진 구문이다. "~이라면, ~할 것이다."로 번역되고, 실현 가능한 표현을 나타낸다.

Si Anna est avec moi, elle me gênera.
안나가 나와 함께 있으면, 나를 방해할 것이다.

*** Si + 반과거, 조건법현재 → 실현 불가능 (현재 및 미래)**

조건법 현재이며 "~이라면, ~할 텐데"로 번역되고, 현재 및 미래의 실현 불가능한 표현을 나타낸다.

Si j'étais riche, j'achèterais une voiture.
내가 부자라면 자동차를 살 텐데.

*** Si + 대과거, 조건법 과거 → 실현 불가능 (과거)**

조건법 과거이며, "~이었다면, ~했었을 텐데"로 번역되고, 과거의 실현 불가능했던 표현을 나타낸다.

Si j'avais été riche, j'aurais acheté une voiture.
내가 부자였더라면 자동차를 샀었을 텐데.

조건법 과거의 동사 변화 : avoir나 être의 조건법현재 + 과거분사

pouvoir → pourrai → pourrais → aurais pu
aller → irai → irais → serais allé
avoir → aurai → aurais → aurais eu
être → serai → serais → aurais été

❹ 조건법의 특별 용법 : Si 절이 없이 사용될때

❶ 어조완화 : 표현을 부드럽게 하기 위하여 쓴다.
커피를 주문할 경우에 Je veux un café. 보다는 Je voudrais un café.가 예의상 더 부드러운 표현이 된다.

보통 <u>pouvoir, vouloir, devoir, aimer</u>와 같은 동사들이 이 표현을 사용한다.

<u>Voudriez</u>-vous bien me passer du sucre? 설탕 좀 건네주시겠습니까?

Vous <u>devriez</u> y aller tout seul. 그곳에 혼자 가셔야 되겠습니다.

❷ 추측 및 의혹을 나타낸다.
자신의 주장을 완전히 내세우지 않고 표현을 완화시키는데 사용된다. 회화 및 독해에서 추측의 의미로 많이 쓰이니 번역에 주의해야 한다.

Ce <u>serait</u> de sa faute. 그의 잘못일 거야

Il <u>serait</u> impossible de réussir sans efforts.
노력하지 않고 성공한다는 것은 불가능할 것이다.

❺ 본문에서의 조건법 용법 연구

Et puis il y a des lieux où je ne peux pas l'emmener parce que ce <u>serait</u> trop dangereux ou inconfortable pour elle. Que ce <u>serait</u> bien d'être libre d'aller et de venir où bon me semble! (추측)

Mais si elle me laissait partir, j'<u>irais</u> là où le vent me <u>porterait</u>. Je <u>marcherais</u> et quand je <u>serais</u> fatigué je <u>ferais</u> de l'auto-stop. Je <u>prendrais</u> mes repas quand bon ça me chante et je <u>coucherais</u> au hasard de la route. Si j'étais seul, j'<u>aborderais</u> plus facilement les autres et j'<u>irais</u> au devant des inconnus. (조건)

Et si le destin m'aide, je trouverai peut-être un petit travail qui me <u>permettrait</u> de subvenir à mes besoins. (추측)

Si Marie acceptait de partir de son côté, ça me <u>permettrait</u> de découvrir d'autres aspects de la vie française. (조건)

Ça me <u>plairait</u> tellement de côtoyer les étudiantes françaises. (추측)

se souvenir de - = se rappeler : ~를 회상하다

Je me suis souvenue tout à coup d'avoir vu quelque part ce tableau.
나는 이 그림을 어디에선가 본 일이 갑자기 생각났다.

être gentil de inf : ~해서 고맙다, 친절하다

Vous êtes gentil de m'avoir envoyé ce paquet.
저에게 이 상자를 보내주셔서 고맙습니다.

être libre de inf : 자유롭게 ~ 하다

J'adore être libre de me promener dans la nature.
나는 자연 속에서 자유롭게 산책하는 것을 무척 좋아합니다.

regretter de inf : ~가 아쉽다

Je regrette de ne pas y aller avec vous.
그곳에 당신과 함께 못가서 아쉽습니다.

faire ses amitiés à qn - : ~에게 안부를 전하다

Fais mes amitiés à ta famille.
네 가족에게 안부 전해 줘.

17

Excepté Paris, je ne connais rien de la France.

🌀 미리 들어 보세요.

Chaque région a ses propres particularités et ce tout forme la France.

Alors pour prétendre la connaître, il n'y a pas d'autres moyens que de voyager.

Il est temps de changer d'air, de partir pour la province.

Je veux rencontrer des Français, ceux de la France profonde. J'en ai déjà parlé à Marie mais ça n'a pas l'air de l'enchanter.

Tu découvriras combien les gens du Nord peuvent être différents de ceux du Midi, et les villes de l'Est différentes de celles de l'Ouest.

Tu comprendras ce que signifie la pluralité culturelle.

Et puis vous y verrez des plages de sable, de galets, des falaises, des dunes…

Ce serait dommage de s'en priver.

Il faut que vous cherchiez à découvrir chaque particularité de ces nombreuses régions qui regorgent de trésors insoupçonnés.

Moi, ce qui m'intéresserait, ce serait de rencontrer d'autres Français.

Il est temps que tu partes à la rencontre d'ouvriers, d'artisans et d'agriculteurs.

Excepté Paris, je ne connais rien de la France.

Le professeur Thomasson: Certes, Paris est la capitale de la France, mais Paris ce n'est pas «La» France.

Marie: Que voulez-vous dire par là?

Le professeur: Je veux dire par là qu'il n'y a pas «Une» France, mais que chaque région a ses propres particularités et ce tout forme la France. Alors pour prétendre la connaître, il n'y a pas d'autres moyens que de voyager. Il faut voir du pays. Je n'ai pas toujours été professeur à Paris. Mais j'ai également occupé un poste à Lille, à Nice, à Brest, à Bordeaux, et à Strasbourg. J'ai vécu plus de quinze ans en province et je peux vous dire que la vie y est souvent bien plus agréable qu'à Paris.

Pierre: Je suis tout à fait d'accord avec vous. Excepté Paris, je ne connais rien de la France. Il est temps de changer d'air, de partir pour la province. J'ai envie de voir autre chose que la capitale. Je veux rencontrer des Français, ceux de la France profonde. J'en ai déjà parlé à Marie mais ça n'a pas l'air de l'enchanter.

Le professeur: Tu as tout à fait raison, Pierre. Dans chaque ville où j'ai vécu, j'ai découvert des choses nouvelles et intéressantes, et j'ai fait la connaissance de gens passionnants. Tu découvriras combien les gens du Nord peuvent être différents de ceux du Midi, et les villes de l'Est différentes de celles de l'Ouest. Il est bon de voir des visages nouveaux. Tu comprendras ce que signifie la pluralité culturelle. Prenons par exemple les gens du Nord même si au premier abord ils ont l'air froids, une fois qu'on s'est fait accepter d'eux, on découvre vite qu'ils peuvent être aussi gais et joyeux que les Marseillais.

Pierre: Les Marseillais? Mais bien sûr, les habitants de Marseille. Christian nous a beaucoup parlé d'eux. Il paraît qu'ils ont un fort accent dans le Midi. Notre ami est éperdument amoureux de la côte méditerranéenne et de ses couleurs si magnifiques.

Le professeur: Oui, elles y sont très pures et très vives, alors que sur les côtes de l'océan Atlantique les couleurs y sont plus douces. Elles changent à chaque heure de la journée. Et puis vous y verrez des plages de sable, de galets, des falaises, des dunes……

Marie: C'est vrai, M. Poquelin nous l'avait fait remarquer en nous montrant les photos de ses vacances passées en Bretagne.

Le professeur: Il y a tant de belles choses à voir en France. Ce serait dommage de s'en priver. Il faut que vous escaladiez nos montagnes et que vous traversiez nos plaines. Il faut que vous marchiez dans nos forêts et dans nos jardins. Il faut que vous fassiez preuve de curiosité et que vous cherchiez à découvrir chaque particularité de ces nombreuses régions qui regorgent de trésors insoupçonnés. Observez la beauté de son monde rural et n'hésitez pas à franchir la porte de ses châteaux et de ses églises. Vous constaterez combien la France est un pays industrialisé. Vous découvrirez au tournant d'une vallée ces gigantesques barrages où l'on produit notre électricité, sans oublier nos centrales nucléaires et champs d'éoliennes.

Pierre: Moi, ce qui m'intéresserait, ce serait de rencontrer d'autres Français. Et pour ça il faudrait que je voyage seul.

Le professeur: Je vois que tu ne manques pas de volonté. C'est une bonne chose. Ce sera une expérience inoubliable. Il est temps que tu partes à la rencontre d'ouvriers, d'artisans et d'agriculteurs.

Marie: Et qu'est-ce que je vais faire seule à Paris? Tu y as pensé? Tu sais bien que je ne suis pas tranquille sans toi. Je préfèrerais que tu restes avec moi.

또마쏭 교수 : 물론 빠리는 프랑스의 수도입니다. 그러나 빠리가 프랑스 전체는 아니지요.

마리 : 그게 무슨 말씀이세요?

교수 : 제가 말하고자 하는 것은 단 하나의 프랑스는 존재하지 않는다는 것이고 각각의 지역은 그 자신만의 특성을 지니고 있으며 이러한 모든 것이 프랑스를 형성하고 있다는 것입니다. 그러므로 프랑스를 안다고 자처하기 위해서는 여행하는 것 이외에는 다른 방법이 없지요. 여기 저기 여행을 해야 합니다. 나는 늘 빠리에서만 교수였던 것은 아닙니다. 그러나 릴, 니스, 브레스트, 보르도, 스트라스부르 그에서도 역시 직장이 있었지요. 나는 15년 이상 지방에서 살았고 지방에서의 삶이 빠리보다 자주 훨씬 더 안락하다라는 말씀을 드릴 수 있습니다.

삐에르 : 교수님의 의견에 전적으로 동의합니다. 저는 빠리를 제외하고는 프랑스에 대해서 전혀 알지 못합니다. 분위기를 바꿔서 지방을 향해 출발해야 할 때입니다. 저는 수도 이외에 다른 지역을 보고 싶습니다. 저는 진정한 프랑스인을 만나고 싶습니다. 저는 이미 그것에 대해 마리에게 말했습니다만 그녀의 마음에 안드는 모양입니다.

교수 : 당신말이 전적으로 옳습니다. 나는 내가 살았던 도시마다 새롭고 흥미로운 것들을 발견했고 열정적인 사람들을 알게 되었습니다. 당신은 북부 사람들이 남부 사람들과 얼마나 다른지 그리고 동부의 도시들이 서부의 도시들과 얼마나 다른지 발견하게 될 것입니다. 새로운 얼굴들을 아는 것도 좋지요. 당신은 문화적인 다양성이 의미하는 바를 이해하게 될 것입니다. 예를 들어 북부 지방 사람들은 첫눈에는 매우 냉정해 보이지만 서로 받아들여진다면, 우리는 그들이 마르세이유 사람들만큼 유쾌하고 쾌활한 사람들이라는 사실을 알게 될 것입니다.

삐에르 : 마르세이예 라고요? 물론 마르세이유 주민들이겠지요. 크리스띠앙이 우리에게 그들에 대하여 아주 많은 이야기를 해주었습니다. 남부 지역에서는 사람들이 강한 억양을 가지고 있는 것 같더군요. 우리의 친구는 지중해 해안과 매우 황홀한 그 해안의 색상을 무척 좋아합니다.

교수 : 예, 지중해의 바다 색상은 순수하며 매우 생생합니다. 반면에 대서양 해안에서의 색상은 좀 더 온화하답니다. 그 색깔들은 시시각각으로 변화합니다. 그리고 당신은 그곳에서 모래, 자갈, 절벽, 모래 언덕들로 이루어진 해안을 볼 수 있습니다.

마리 : 정말이에요. 뽀끌랭씨가 브르타뉴 지역에서 지낸 바캉스 기간 동안 찍은 사진들을 보여주면서 우리에게 그 사실을 알려주었어요.

교수 : 프랑스에는 구경해 볼만한 아름다운 것들이 너무나 많습니다. 그런 것을 포기한다는 것은 정말 유감스러울 것입니다. 당신은 우리나라의 산을 등반해야 하고, 우리 나라의 평야를 가로질러 보아야 합니다. 우리나라의 숲과 정원에서 거닐어야 합니다. 호기심을 보여야 하고 뜻밖의 보물들로 가득찬 수많은 지역들의 특성들을 발견하려고 노력해야 합니다. 시골 세계의 아름다움을 관찰하세요. 그리고 시골의 성들과 교회들의 문턱을 주저 없이 넘나드세요. 당신은 프랑스가 얼마나 산업화된 국가인지를 확인하실 수 있습니다. 당신은 계곡을 돌면서 전력을 생산하기 위하여 만든 거대한 댐들과, 또한 핵 발전소와 풍차가 있는 들판들을 발견하실 것입니다.

삐에르 : 저의 흥미를 끌어 줄만한 것, 그것은 바로 다른 프랑스인들을 만난다는 것일겁니다. 그러기 위해서 저는 혼자서 떠나야 할 것 같습니다.

교수 : 당신은 의지력이 부족하지 않다는 것을 알고 있습니다. 좋은 일입니다. 잊을 수 없는 경험이 될 것입니다. 이제 노동자들, 장인 기술자들, 농부들을 만나러 떠나야 할 시간입니다.

마리 : 그럼, 저는 혼자 빠리에서 뭘해야 할까요? 오빠는 그걸 생각이나 해봤어? 오빠가 없으면 내가 불안해 한다는걸 잘 알잖아. 오빠가 나와 함께 머물러 있는 것이 더 좋은데.

certes : 물론

vouloir dire : 의미하다 (Qu'est-ce que ça veut dire? 그것은 무슨 뜻입니까?)

par là : 그 방법으로 (Que faut-il entendre par là? 그 말이 의미하는 것은 진짜 무엇입니까?), 저쪽으로

prétendre inf : ~할 작정이다, ~라고 주장하다

le poste : 일자리, 직장

tout à fait : 완전히

excepté : 제외하고

Il est temps de inf : ~할 시간이 되다 (비인칭 표현)

changer d'air : 환경을 바꾸다, 분위기를 바꾸다

la France profonde : 골수 프랑스인들, 정말 프랑스인들

avoir l'air de inf : ~인 것 같다

enchanter : 기쁘게하다

la pluralité : 다양성

même si : 아무리 ~라 할지라도

au premier abord : 처음에는, 첫눈에

une fois que ~ : 일단 ~하기만 하면

Il paraît que ~ : ~인 것 같다 (= Il me semble que ~)

éperdument : 완전히, 미친듯이

alors que ~ : ~인 반면에, ~할 때

la plage : 해수욕장, 해변

le sable : 모래

le galet : 자갈, 조약돌

la falaise : 절벽, 낭떠러지

la dune : 모래 언덕, 사구

C'est dommage de inf : ~하는 것은 유감이다

se priver de ~ : ~을 포기하다

escalader : 오르다, 올라가다

la plaine : 평원

faire preuve de ~ : ~을 보여주다, ~을 나타내다

regorger : (~de) ~로 넘치다

insoupçonné : 뜻밖의, 예상밖의

le monde : 세상, 세계

rural : 시골의 (↔ urbain 도시의)

hésiter à inf : ~하기를 주저하다

franchir : 건너다, 넘어서다

constater : 확인하다

le tournant : 커브길, 모퉁이 길

gigantesque : 거대한

le barrage : 댐

la centrale : 발전소

nucléaire : 핵의, 원자력의

l'éolienne (f.) : 풍력 발동기, 풍차

manquer de + 무관사 명사 : ~이 부족하다

inoubliable : 잊을 수 없는

Il est temps que subjonctif : ~할 시간이다

partir à la rencontre de qn : ~를 만나러 떠나다

l'artisan : 장인

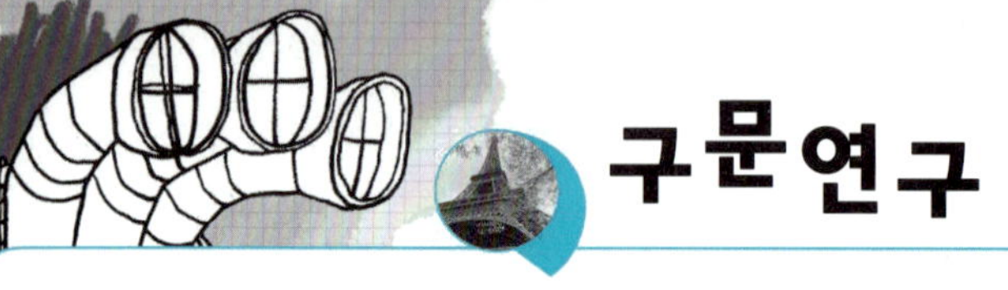

구문연구

❶ autre ~ que ~ : ~과 다른~ , ~이외의 다른~

Alors pour prétendre la connaître, il n'y a pas d'autres moyens que de voyager.
그것을 잘알도록 하기 위해서는 여행하는 것 이외의 다른 방법은 없다. -
que 다음에 동사를 쓸려면 동사 원형을 쓴다.

J'ai envie de voir autre chose que la capitale.
나는 수도와 다른 것을 보고 싶다.

❷ 비교급 강조

비교급의 의미를 더 강조하기 위해서는 비교급 앞에 bien, beaucoup, encore
등을 쓰면 된다. - 훨씬 더

J'ai vécu plus de quinze ans en province et je peux vous dire que la vie y est
souvent bien plus agréable qu'à Paris.

❸ 접속법 (Subjonctif) 현재 : 현재 및 미래 사실을 나타낸다.

① 접속법 현재 만드는 법 : 접속법은 직설법 현재 3인칭 복수에서 어간을
따서 접속법어미 (-e, -es, -e, -ions, -iez, -ent)를 주어에 맞게 취한다. Nous
하고 Vous 의 접속법 현재 변화는 직설법 반과거 변화와 동일하다.

* partir → ils part/ent

Je parte   Nous partions
Tu partes   Vous partiez
Il parte   Ils partent
Elle parte   Elles partent

* finir → ils finiss/ent

Je finiss<u>e</u>	Nous finiss<u>i</u>ons
Tu finiss<u>es</u>	Vous finiss<u>i</u>ez
Il finiss<u>e</u>	Ils finiss<u>ent</u>
Elle finiss<u>e</u>	Elles finiss<u>ent</u>

* 접속법 불규칙 변화형은 대략 9개 동사들이 있는데 다음에 일괄적으로 다루기로 한다.

② **접속법의 용법** : 일반적인 접속법 구문은 "<u>주절 ＋que ＋종속절</u>"로 구성되며, 주절의 주어와 종속절의 주어가 반드시 달라야 한다. 주절의 표현이 종속절의 동사를 접속법 형태로 유도한다.

일반 형태 : <u>주어1 ＋접속법 유도 표현 ＋que ＋주어2 ＋접속법 동사 변화</u>

<접속법 유도 표현> - 다음과 같은 표현들이 주절에 있으면 종속절의 동사를 접속법으로 변화시킨다.

❶ 희망 -
vouloir, désirer, souhaiter, avoir envie que ~

❷ 감정 -

être content que ~해서 기쁘다	être heureux que ~해서 행복하다
étonner que ~이 놀랍다	regretter que ~이 유감이다
être triste que ~해서 슬프다	aimer que ~을 좋아하다
préférer que ~을 더 좋아하다 등	

❸ 의무 -
Il faut que ~해야 한다

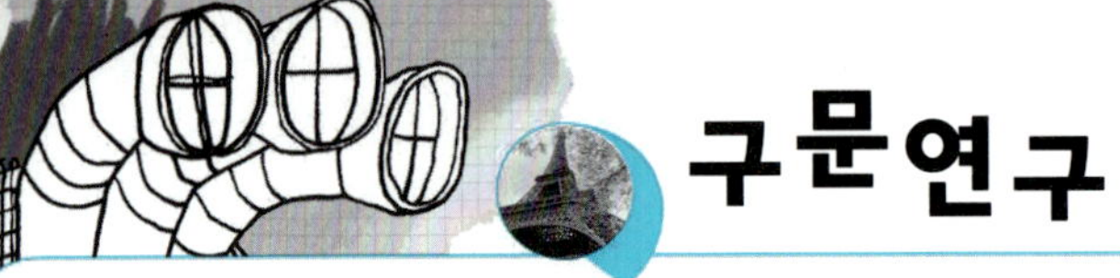

❹ 의혹, 의심 -
douter que ~이 의심스럽다

❺ 두려움 -

craindre que ~일까 두렵다, ~이 걱정이다   avoir peur que ~일까 두렵다
de peur que ~일까 두려워

❻ 명령 -
ordonner que ~을 명령하다

❼ 금지 -
défendre que ~을 금하다

❽ 필요 -
Il est nécessaire que ~하는 것이 필요하다

❾ 요구 -
demander que ~을 요구하다

❿ 가능 -

Il est possible que ~이 가능하다   Il est impossible que ~이 불가능하다

⓫ 접속법을 유도하는 특별한 표현들 -

sans que ~함이 없이   pour que ~하도록
afin que ~하도록   avant que ~하기 전에
à condition que ~이라면   bien que ~임에도 불구하고
à moins que ~하지 않는 한   jusqu'à ce que ~하기 까지
en attendant que ~하기를 기다리며, ~하기까지
quoique ~일지라도, ~임에도 불구하고
Il vaut mieux que ~하는 편이 더 낫다 (비인칭)
Il est temps que ~할 시간이다 (비인칭)

③ 접속법 표현의 예

Je doute que cette pièce <u>finisse</u> bien.
나는 이 작품이 잘 끝날까 의심스럽다.

Il vaut mieux que je <u>parte</u> seul.
혼자 떠나는 편이 더 낫다.

On ne peut s'empêcher de les aimer, quoiqu'elles <u>aient</u> l'air terrible.
그녀들이 무서워 보일지라도, 우리는 그녀들을 사랑하지 않을 수 없다.
- aient 는 avoir의 접속법 현재형 (불규칙 변화)

Il est étonnant qu'elle <u>vienne</u> faire la cuisine chez toi.
그녀가 너희 집으로 요리를 하러 오다니 놀랍다.

Jusqu'à ce que la police <u>arrive</u>, tout le monde doit rester là.
경찰이 도착하기까지 모든 사람들은 그곳에 남아있어야 한다.

Je crains qu'elles <u>sortent</u> sans moi.
나는 그녀들이 나를 두고 외출할까 걱정이 된다.

Elle ne veut pas que je la <u>laisse</u> partir seule.
그녀는 내가 그녀를 혼자 떠나도록 내버려 두는 것을 원하지 않는다.

★ 본문 구문 접속법 연구

- Il faut que vous <u>escaladiez</u> nos montagnes et que vous <u>traversiez</u> nos plaines.

- Il faut que vous <u>marchiez</u> dans nos forêts et dans nos jardins.

- Il faut que vous <u>fassiez</u> preuve de curiosité et que vous <u>cherchiez</u> à découvrir chaque particularité de ces nombreuses régions qui regorgent de trésors insoupçonnés. (fassiez는 faire의 접속법 현재형 - 불규칙 변화형)

- Et pour ça il faudrait que je <u>voyage</u> seul.

- Il est temps que tu <u>partes</u> à la rencontre d'ouvriers, d'artisans et d'agriculteurs.

- Je préfèrerais que tu <u>restes</u> avec moi.

18

Qu'est-ce qui te dit, la mer ou la montagne?

미리 들어 보세요.

Je suis heureuse que nous ayons fini les comptes.

J'ai réglé ce matin la note de l'hôtel et tout compte fait il nous reste plus de la moitié de la somme que nous avions emportée.

Qu'est-ce qui te dit, la mer ou la montagne?

Si je comprends bien, tu en as marre de moi. C'est ça. Tu n'es qu'un égoïste.

Bien sûr que tu vas me manquer mais c'est juste que j'aimerais me sentir libre d'aller où je veux, quand je veux.

Ce dont je rêve c'est plutôt de prendre mon sac à dos et de partir sur les routes.

Je trouverai des petits boulots qui me permettront de côtoyer des Français de toutes origines et de toutes classes sociales.

Je suis quand même triste que tu veuilles partir sans moi.

Je te tiendrai au courant de mes aventures et toi aussi des tiennes.

Et s'il t'arrivait quelque chose, comment je ferais?

Tu te fais toujours des tas de soucis pour rien.

Tu sais, la vie que je vais mener, ce n'est pas fait pour toi.

Qu'est-ce qui te dit, la mer ou la montagne?

Marie: Je suis heureuse que nous ayons fini les comptes et de constater que nous n'avons pas dépensé trop d'argent. J'ai réglé ce matin la note de l'hôtel et tout compte fait il nous reste plus de la moitié de la somme que nous avions emportée.

Pierre: Tant mieux! Mais nous devons quand même faire attention à ne pas trop dépenser. Ce ne sera pas de trop si nous décidons de voyager.

Marie: Qu'est-ce que nous allons faire? Soit nous pouvons aller avec Blanche, elle nous propose de l'accompagner en Provence où elle a loué une maison au bord de la mer avec ses amis, soit nous pouvons nous rendre chez la sœur de M. Poquelin qui habite dans les Alpes. Qu'est-ce qui te dit, la mer ou la montagne?

Pierre: Pour moi, ce ne sera ni l'un ni l'autre. Je préfère partir à l'aventure et me faire de nouvelles connaissances pendant ces vacances. Mais pour toi ça sera sûrement mieux de suivre Blanche.

Marie: Si je comprends bien, tu en as marre de moi. C'est ça. Tu n'es qu'un égoïste.

Pierre: Mais non, ce n'est pas du tout ça, Marie. Bien sûr que tu vas me manquer mais c'est juste que j'aimerais me sentir libre d'aller où je veux, quand je veux.

Marie: Et comment vas-tu te déplacer? Et où veux-tu aller?

Pierre: Ça, je n'en ai encore aucune idée mais tout ce que je sais c'est que je ne veux pas dépenser trop d'argent. Tu sais, jouer au touriste ce n'est pas fait pour moi. Ce dont je rêve c'est plutôt de prendre mon sac à dos et de partir sur les routes. Je ferai du stop et je trouverai des petits boulots qui me permettront de côtoyer des Français de toutes origines et de toutes classes sociales.

Marie: Je suis quand même triste que tu veuilles partir sans moi.

Pierre: Ne sois pas triste! Je suis certain que ce sera beaucoup plus amusant pour toi d'être avec Blanche et ses amis. Tu profiteras plus de tes vacances, et moi aussi. Je te tiendrai au courant de mes aventures et toi aussi des tiennes. Tu verras, on sera très bien.

Marie: Tu as peut-être raison. Mais je n'ai quand même pas la conscience tranquille de te savoir seul sur les routes alors que je serai en train de m'amuser en tant que la touriste étrangère. Et s'il t'arrivait quelque chose, comment je ferais? En plus il va falloir que je voyage seule avec des gens que je ne connais pas très bien. C'est quand même gênant.

Pierre: Tu te fais toujours des tas de soucis pour rien. Tout se passera bien. Et puis ce ne sont pas totalement des inconnus, tu connais Blanche, non? Je suis sûr qu'elle s'occupera très bien de toi et qu'elle ne te laissera pas tomber. De mon côté, pourquoi veux-tu qu'il m'arrive quelque chose? Je te promets d'être très prudent et de bien prendre soin de moi. Tu sais, la vie que je vais mener, ce n'est pas fait pour toi. Je désire aller à la rencontre des Français, partager leurs joies et leurs peines, me mêler à leur quotidien, les sentir respirer et pour ça je préfère que tu ne m'accompagnes pas.

마리 : 우리가 모든 계산을 끝내고도 너무나 많은 돈을 쓰지 않은 걸 확인하니 기뻐. 오늘 아침에 나는 호텔의 계산서를 모두 지불했는데 결국에는 우리가 가지고 왔던 돈의 절반 이상이 남았어.

삐에르 : 아주 좋구나. 그러나 우리는 너무 돈을 낭비하지 않도록 주의해야해. 우리가 여행하기로 결정한 이상 많은 돈은 아닐거야.

마리: 우리 앞으로 무얼 할까? 하나는 우리가 블랑슈와 함께 갈 수 있을 거야. 그녀가 우리에게 그녀의 친구들과 바닷가 근처에 집을 빌린 프로방스 지방으로 그녀와 함께 가자고 제안하고 있거든. 아니면 우리는 알프스 지역에 사는 뽀끌랭 씨의 누이 집을 갈 수도 있어. 오빠는 무엇이 더 마음에 들어, 바다야 아니면 산이야?

삐에르 : 나는 두 가지 중에 어느 것도 마음에 들지 않아. 나는 모험을 찾아 떠나고 싶고 남은 바캉스 기간 동안 새로운 지식들을 쌓고 싶어. 그러나 너는 블랑슈를 따라가는 편이 틀림없이 더 나을거야.

마리 : 내가 이해하기에 오빠는 나에게 싫증이 났구나. 맞아. 오빠는 정말 이기주의야.

삐에르 : 아니야. 전혀 그게 아니야, 마리. 물론 네가 그리울 거야. 그러나 단지 내가 원할때, 내가 원하는 곳으로 자유롭게 가고 싶을 뿐이야.

마리 : 그러면 오빠는 어떻게 여행할거야? 어디로 가기를 원해?

삐에르 : 근데, 아직 어떤 생각도 없어. 그러나 내가 알고 있는 것, 그것은 바로 너무 많은 돈을 낭비하고 싶지 않다는 것이야. 너도 알다시피 관광객으로서 여행한다는 것은 나를 위한 것은 아니지. 내가 꿈꾸는 것은 오히려 배낭을 매고 도로 위로 떠나는 것이란다. 나는 히치하이킹도 할 것이고 모든 사회 계층의 그리고 모든 지역의 프랑스인들과 친해지도록 해줄 여러 가지 조그만 일자리들을 찾을거야.

마리 : 그렇지만 오빠가 나 없이 떠나기를 원한다니 슬프다.

삐에르 : 슬퍼하지 마. 너 역시도 블랑슈와 그녀의 친구들과 함께하는 것이 훨씬 더 재미있을 거라 나는 확신해. 너도 너의 남은 바캉스 기간을 잘 활용하렴, 나도 그럴 테니. 자주 전화할게. 나도 나의 경험담을 자주 알려줄 테니 너도 그렇게 해 줘. 너도 알게 되겠지만, 우리는 잘될거야.

마리 : 오빠 말이 맞을 수도 있어. 그러나 내가 외국인 관광객으로서 재미있게 지 낼텐데 오빠는 도로 위로 홀로 다닐거라는 것을 알게되니 안심이 안 돼. 그리고 오빠에게 무슨 일이라도 생기면 나는 어떻게 하지? 게다가 나는 내가 잘 알지도 못하는 낯선 사람들과 혼자 여행을 해야 하잖아. 좀 골치 아파.

삐에르 : 너는 항상 별것 아닌 일로 너무 걱정을 만드는구나. 모든 것이 잘될거 야. 그리고 모두 낯선 사람들은 아니야. 너는 블랑슈를 알잖아, 아냐? 나는 그녀 가 너를 잘 돌봐 주리라고 확신하고 그녀가 너를 홀로 내버려 두지 않을 거라고 믿어. 내가 보기에, 너는 왜 나한테 무슨 일이 생기기를 원하니? 내가 항상 신중 성있게 행동할 것이고 내 자신을 잘 돌보겠다고 약속할게. 너도 알다시피, 내가 꾸려 나갈려는 생활은 너를 위한 것은 아니야. 나는 프랑스인들을 만나고 그들의 즐거움과 고통을 공유하고, 나를 그들의 일상생활에 동화되게 하고 그들이 호흡하 는 것을 느끼길 원해. 그 때문에 네가 나를 동행하지 않는 것이 좋아.

le compte : 계산, 계좌

constater : 확인하다

dépenser : 낭비하다, 지출하다

régler : 계산하다, 해결하다

tout compte fait : 결국 (= finalement = en somme)

la somme : 금액

soit ~, soit ~ : ~이건 ~이건

dire : (간접 목적 보어와 같이 쓸 경우에) 마음에 들다, 말하다

ni l'un ni l'autre : 이것도 저것도 아니다

en avoir marre de ~ : ~이 싫증이 나다, ~이 질리다 (= en avoir assez de ~)

C'est ça. : 맞아, 바로 그래.

manquer : 그리워 하게 하다, 보고 싶게 하다, 부족하다, 놓치다

ce que ~, c'est que ~ : ~인 것은 바로 ~이다

rêver de ~ : ~을 꿈꾸다

plutôt : 차라리, 오히려

le sac à dos : 배낭

faire du stop : 히치하이킹을 하다

côtoyer : 가까이 지내다, 따라가다

veuilles : vouloir 동사의 접속법 현재 2인칭 단수형

profiter de ~ : ~을 이용하다

tenir qn au courant de qc : ~에게 ~을 알려주다

alors que ~ : ~인데, ~할 때

en tant que ~ : ~로서 (comme + 무관사 명사)

il arrive ~ : ~일이 일어나다 (비인칭 구문)

En plus : 게다가, 더군다나

gênant : 짜증나게 하는, 답답한, 불편한

des tas de ~ : 수많은 ~

le souci : 근심, 걱정

pour rien : 쓸데없이, 헛되이

de mon côté : 나로서는, 나에 관한 한
prudent : 신중한 (명사형 - une prudence 신중성)
prendre soin de qn : ~를 돌보다, ~를 보살피다
mener la vie : 생활을 영위하다
le quotidien : 일상생활, 일간 신문

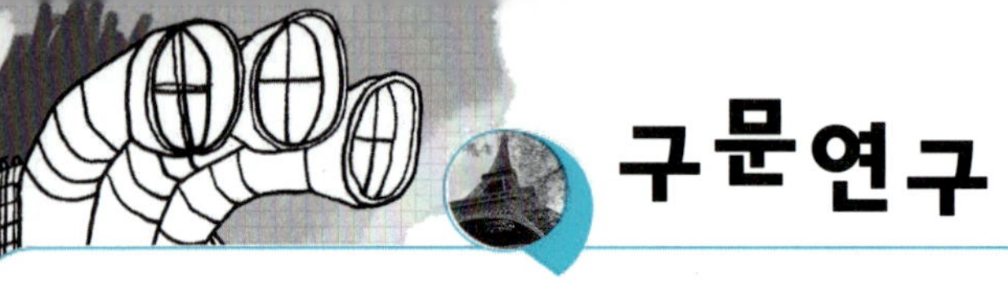

구문연구

❶ 접속법 과거 : <u>과거와 현재완료 및 미래완료</u>를 나타낸다.

접속법 과거의 형태 - <u>avoir나 être의 접속법 현재 + 과거분사</u>

- avoir 동사의 접속법 현재형 (불규칙)

que j'aie	que nous ayons
que tu aies	que vous ayez
qu'il ait	qu'ils aient

- être 동사의 접속법 현재형 (불규칙)

que je sois	que nous soyons
que tu sois	que vous soyez
qu'il soit	qu'ils soient

travailler → ~ que j'<u>aie travaillé</u> ~
dépenser → ~ que tu <u>aies dépensé</u> ~

sortir → que je <u>sois sorti</u> ~
monter → que <u>tu sois monté</u> ~

*** 접속법 과거 문장의 예**

Je suis content que tu n'<u>aies</u> pas <u>dépensé</u> trop d'argent.
나는 네가 너무 많은 돈을 쓰지 않아서 기쁘다. (과거)

Je suis heureuse que nous <u>ayons</u> bien <u>fini</u> nos devoirs.
나는 우리가 우리 숙제를 잘 끝내서 행복하다. (현재완료)

Il faut qu'elle <u>soit rentrée</u> avant minuit.
그녀는 자정이 되기 전에 귀가해야 한다. (미래완료)

❷ 접속법을 유도하는 표현에서 주절의 주어와 종속절의 주어가 같을 경우에는 다음과 같이 동사의 특성에 따라 직접 동사의 원형이 오거나 전치사를 써주기도 한다.

Il a envie qu'il parte au hasard. (×)
→ Il a envie <u>de</u> partir au hasard.

Je regretterai que je sois loin de toi. (×)
→ Je regretterai <u>d</u>'être loin de toi.

Je ne désire pas que je t'accompagne. (×)
→ Je ne désire pas t'accompagner.

préférer, désirer, aimer등은 뒤에 바로 동사의 원형이 오고, regretter de~, avoir peur de~, avoir envie de~, être content de~, être heureux de~, être triste de~ 등은 이와 같이 뒤에 동사 원형이 올 경우에는 전치사 <u>de</u>가 반드시 와야 한다.

❸ 접속법 현재 변화 (2, 3군동사) - 규칙대로

2군동사
finir → ils <u>finissent</u> → ~ que je <u>finisse</u> ~
réussir → ils <u>réussissent</u> → ~ que je <u>réussisse</u> ~
choisir → ils <u>choisissent</u> → ~ que je <u>choisisse</u> ~
bâtir → ils <u>bâtissent</u> → ~ que je <u>bâtisse</u> ~

3군동사
lire→ ils <u>lisent</u> → ~ que je <u>lise</u> ~
écrire → ils <u>écrivent</u> → ~ que j'<u>écrive</u> ~
connaître → ils <u>connaissent</u> → ~ que je <u>connaisse</u> ~
peindre → ils <u>peignent</u> → ~ que je <u>peigne</u> ~

회화 작문에 필요한 필수 표현 정리

promettre à qn de inf : ~에게 ~할 것을 약속하다

Je vous promets de quitter Paris.
제가 빠리를 떠날 것을 당신에게 약속드립니다.

dès mon arrivée : 내가 도착 하자마자

Dès mon arrivée à Paris, je t'appelle.
빠리에 도착하자마자 너에게 전화할게.

tout de suite : 즉시, 곧

Vous m'apporterez le menu, s'il vous plaît. - Oui, tout de suite.
메뉴 좀 갖다 주십시오. - 예, 즉시 갖다 드리겠습니다.

en ordre : 질서있게

Je dois faire ma chambre en ordre.
내 방을 정리해야 돼.

en desordre : 무질서하게 (= en pagaille)

Ta chambre est toujours en désordre.
네 방은 항상 어질러져 있어.

19

Je ne voudrais pas que tu te fasses du mauvais sang pour moi.

 미리 들어 보세요.

Bien que Pierre lui ait expliqué qu'il en était mieux ainsi, Marie n'en démord pas.

Il y a mis sa trousse de toilette, une tenue de rechange et un pull en laine.

Alors je n'emporte que le strict nécessaire.

Demain je porterai mon survêtement et mes baskets.

Et si tu te fais inviter chez des gens, tu auras l'air d'un vagabond.

Que tu le veuilles ou non, il te faut au moins un costume.

Marie a compris que tout ce qu'elle pourrait dire ne changerait rien.

Naturellement. Je te passerai un coup de fil le soir pour te dire où je me situe.

Je ne voudrais pas que tu te fasses du mauvais sang pour moi.

Mais il faut toujours que tu n'en fasses qu'à ta tête et nous, on n'a rien à dire.

Je ne te dis pas que j'y répondrai instantanément mais j'essayerai de passer au cybercafé de temps en temps.

Bien que Pierre lui ait expliqué qu'il en était mieux ainsi, Marie n'en démord pas: elle regrette que Pierre parte seul et aurait préféré qu'il reste à ses côtés. Les Poquelin ont promis à Pierre qu'ils prendraient soin de sa sœur et ont assuré qu'il pourrait partir l'esprit tranquille. Il a donc décidé d'entreprendre son voyage sans plus attendre. Le lendemain M. Poquelin avait à faire à Orléans et a donc proposé à Pierre de l'y déposer.

La veille du départ Marie regardait son frère préparer son sac. Il y a mis sa trousse de toilette, une tenue de rechange et un pull en laine. Marie désirait qu'il prenne plus de vêtements mais son frère lui a dit.

Pierre: Je ne peux pas prendre trop de choses. Moi, je vais marcher pendant de longues heures, alors je n'emporte que le strict nécessaire. Il n'y a pas de place pour un costume, c'est trop encombrant. Demain je porterai mon survêtement et mes baskets. Ah! J'allais presque l'oublier, mon couteau.

Marie: Et si tu te fais inviter chez des gens, tu auras l'air d'un vagabond. Que tu le veuilles ou non, il te faut au moins un costume.

Pierre: Et bien tant pis! Ça ne fait rien. Ils comprendront bien que je suis en voyage. Je n'ai pas besoin d'être élégant.

Marie a compris que tout ce qu'elle pourrait dire ne changerait rien et, pour ne pas lui gâcher son plaisir, elle a seulement demandé à son frère: «Où vas-tu?»

Pierre: Je ne le sais toujours pas, tout ce que je peux te dire, c'est que je prends la direction du Sud. M. Poquelin va me conduire jusqu'à Orléans, ensuite je verrai bien.

Marie: Et il dit de ne pas s'inquiéter. Promets-moi de me téléphoner.

Pierre: Naturellement. Je te passerai un coup de fil le soir pour te dire où je me situe. Je ne voudrais pas que tu te fasses du mauvais sang pour moi.

Marie: Tu es gentil Pierre, mais il faut toujours que tu n'en fasses qu'à ta tête et nous, on n'a rien à dire. Et si je veux te téléphoner, comment je fais? Tu peux me le dire.

Pierre: Dès que j'en aurai les moyens, je m'achèterai un téléphone portable, alors tu pourras facilement me contacter. Grâce à la visiophonie je pourrai te montrer que je me porte bien. Tu es rassurée, non? Allez, arrête de faire la tête et souhaite-moi plutôt un bon voyage. Si tu veux, tu peux m'écrire des mails pour me raconter ce que tu vas faire pendant tes vacances. Je ne te dis pas que j'y répondrai instantanément mais j'essayerai de passer au cybercafé de temps en temps. En attendant le départ, va te promener avec ton amie Elisabeth. Il te reste tant de lieux à visiter tel que Montmartre, Montparnasse, l'Ile Saint-Louis, les Invalides, tous ces lieux où je suis allé seul. Et n'oublie pas Christian qui s'est proposé de t'accompagner au Musée d'Art Moderne et à l'UNESCO. Profites-en. Tu as encore tant de choses à voir à Paris.

삐에르가 그녀에게 그렇게 하는 것이 더 낫다고 설명했음에도 불구하고, 마리는 단념하지 못하고 있다. 그녀는 삐에르가 혼자 떠나는 것이 속상하고 그가 그녀의 곁에 머물러 있는 것을 더 좋아하는 것 같았다. 뽀끌랭 부부는 삐에르에게 그들이 여동생을 잘 돌봐주겠다고 약속했으며 그가 편한 마음으로 여행을 떠날 수 있도록 안심시켰다. 그래서 그는 더 이상 주저하지 않고 여행을 감행하기로 결정했다. 다음날 뽀끌랭씨는 오를레앙에서 할 일이 있었기 때문에 삐에르에게 그곳까지 데려다 주겠다고 제안했다.

출발 전날 마리는 그녀의 오빠가 가방 싸는 모습을 바라보고 있었다. 그는 가방에 세면도구, 갈아입을 옷, 그리고 면으로 만든 스웨터를 넣었다. 마리는 그가 좀 더 많은 옷들을 가져가길 원했지만 그녀의 오빠가 그녀에게 다음과 같이 말했다.

삐에르 : 나는 많은 것을 가져갈 수 없어. 나는 오랫동안 걸어야 하기 때문에 꼭 필요한 것만 가져가야 해. 양복을 넣을 만한 공간은 없어. 자리를 너무 차지하거든. 내일 나는 츄리닝을 입고 운동화를 신을거야. 아참! 칼을 챙겨가는 것을 깜빡 잊어버릴 뻔 했구나.

마리 : 만일 사람들 집에 오빠를 초대하면 떠돌이처럼 보일거야. 오빠가 원하든 원하지 않든 적어도 양복 한 벌이 필요해.

삐에르 : 어쩔 수 없지. 상관없어. 그들도 내가 여행 중이라는 것을 이해할거야. 나는 우아해 보일 필요는 없어.

마리는 그녀가 말해봐야 소용이 없다는 것을 알았고, 그의 기쁨을 망치게 하지 않기 위하여 오빠에게 단지 다음과 같이 물어보았다. 《오빠는 어디로 갈거야?》

삐에르 : 아직 모르겠지만 내가 말해줄 수 있는 것은 나는 남부 쪽으로 갈거라는 거야. 뽀끌랭씨가 나를 오를레앙까지 데려다 줄거야 그리고 나서 두고 봐야지.

마리 : 뽀끌랭씨가 걱정하지 말라고 말은 하고 있는데. 내게 전화한다고 약속해 줘.

삐에르 : 물론이지. 저녁마다 전화로 내가 어디 있는지 알려줄게. 네가 나에 대해서 몹시 초조해 하는 것을 원하지 않아.

마리 : 오빠, 참 친절하구나. 그런데 오빠는 남의 말을 듣지 않아. 그래서 우리는 말할게 전혀 없어. 내가 전화하고 싶을때, 어떻게 해야 돼? 말해줘.

삐에르 : 방법이 있다면, 내가 핸드폰을 살건데 그러면 나하고 쉽게 연락이 될 수 있을거야. 화상 통화 덕분에 내가 잘 지내고 있다는 것을 너에게 보여줄 수 있어. 그럼 안심이 되지. 그렇지 않니? 어서, 보기 안좋게 뾰로통한 표정을 그만 짓고 오히려 즐거운 여행이 되길 바래줘. 원하면 네가 이번 바캉스를 어떻게 지낼건지 나에게 이야기해 주기 위해 메일을 써줘. 나는 곧바로 답장을 하겠다고는 장담 못하지만 가끔 사이버 까페방에 들리도록 할게. 출발하기를 기다리며 엘리자베뜨와 함께 산책이나 하러 가. 몽마르뜨, 몽빠르나스, 쌩-루이 섬, 앵발리드 전쟁 기념관등과 같이 방문할 곳이 너무 많아. 그곳들을 모두 나는 혼자 방문했단다. 그리고 현대 미술 박물관과 유네스코를 너랑 함께 동반하자고 했던 크리스띠앙을 잊지 말고. 그 기회를 이용해. 너는 아직도 빠리에서 볼 것이 너무나 많단다.

bien que + 접속법 : ~임에도 불구하고

démordre de ~ : ~을 단념하다 (부정문에서 주로 쓰인다.)

prendre soin de ~ : ~를 돌보다, ~를 보살피다

avoir à inf : ~해야 한다

déposer : 내려놓다, 예금하다

la veille : 그 전날 (↔ le lendemain 그 이튿날)

la trousse : 케이스, 상자 (la trousse de toilette 휴대용 세면도구 케이스)

la retenue : 옷차림, 제복

le rechange : 교체 (la tenue de rechange 갈아입을 옷)

le pull : 스웨터 (= le pull-over)

la laine : 양모, 니트웨어

le strict nécessaire : 꼭 필요한 것

le costume : 양복

encombrant : 거추장스러운, 방해가 되는

le survêtement : 운동복, 트레이닝 복

les baskets : 운동화

avoir l'air de ~ : 인 것 같다

le vagabond : 방랑자, 떠돌이

veuille : vouloir 동사의 접속법 현재

gâcher : 망치다

un coup de fil : 전화 한통

se faire du mauvais sang : 몹시 초조해 하다

n'en faire qu'à sa tête : 자기 기분 내키는 대로 하다, 남의 말을 듣지 않다

le téléphone portable : 핸드폰, 휴대폰

contacter : 연락하다, 접촉하다

la visiophonie : 화상 전화

se porter bien : 잘 지내다

rassuré : 안심이 되는

instantanément : 지체없이, 즉시

le cybercafé : 사이버 까페, PC방

tel que~, telle que~ : ~와 같이

faire la tête : 싫은 표정을 하다, 뾰로통하다

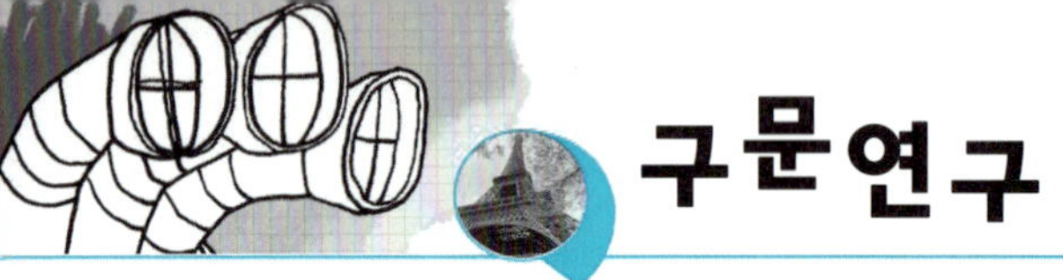

❶ 접속법 현재 변화 연습 (3군동사)

규칙 변화일 경우에 Nous와 Vous의 접속법 현재 변화는 직설법 반과거 변화와 항상 동일하다는 것에 주의해야 한다.

voir → ils <u>voient</u>   je <u>voie</u>   nous <u>voyions</u>
recevoir → ils <u>reçoivent</u>   je <u>reçoive</u>   nous <u>recevions</u>
devoir → ils <u>doivent</u>   je <u>doive</u> nous <u>devions</u>
venir → ils <u>viennent</u>   je <u>vienne</u>   nous <u>venions</u>
prendre → ils <u>prennent</u>   je <u>prenne</u>   nous <u>prenions</u>
boire → ils <u>boivent</u>   je <u>boive</u>   nous <u>buvions</u>

❷ 접속법 현재 변화 (3군동사) - 완전 불규칙

접속법 현재 변화에서 불규칙하게 변화하는 동사들의 수는 9개이다.
그중에 avoir와 être는 전과에서 배웠으니 나머지 7개 동사 변화를 살펴보기로 한다.

aller - j'aille   nous allions
faire - je fasse   nous fassions
pouvoir - je puisse   nous puissions
savoir - je sache   nous sachions
vouloir - je veuille   nous voulions
falloir - il faille (비인칭 동사)
valoir - je vaille   nous valions

❸ 접속법의 네 가지 시제 및 용법

접속법 현재 – 현재 및 미래사실
접속법 과거 – 과거사실, 현재완료, 미래완료

접속법 반과거 – 과거사실, 과거에서 미래 (문어체에서만 쓰이는 표현)
접속법 대과거 – 과거완료 (문어체에서만 쓰이는 표현)

접속법 반과거와 접속법 대과거는 요즘은 거의 쓰이지 않는 문어체 표현의 시제이다.

4 조건법 과거는 과거 추측을 나타낸다.

Elle regrette que Pierre parte seul et <u>aurait préféré</u> qu'il reste à ses côtés.
그녀는 삐에르가 혼자 떠나는 것을 아쉬워하며 그가 자기 곁에 남아있는 것을 더 좋아해 하는 것 같았다.

5 과거 속의 미래 표현은 조건법 현재로 한다.

Les Poquelin <u>ont promis</u> à Pierre qu'ils <u>prendraient</u> soin de sa sœur et ils <u>ont voulu</u> qu'il <u>pourrait</u> partir l'esprit tranquille.
뽀끌랭 부부는 삐에르에게 자기들이 그의 여동생을 돌봐줄 거라고 약속했고, 그가 조용한 마음으로 떠날 수 있기를 바랐다.

Marie <u>a compris</u> que tout ce qu'elle <u>pourrait</u> dire ne <u>changerait</u> rien.
마리는 자신이 말할 수 있는 모든 것이 전혀 아무것도 바꿔주지 못할 거라는 것을 알았다.

6 **veuilles**는 **vouloir** 동사의 접속법 현재형

<u>Que tu le veuilles ou non</u>, il te faut au moins un costume.
네가 그것을 원하던 원하지 않던, 적어도 너에게는 양복이 필요해.

7 직 · 간접 목적 대명사가 같이 쓰일 경우

간접을 먼저 써주는게 원칙이나 간접 중 lui, leur는 직접 다음에 써줘야 한다.

Tu peux <u>me le</u> dire. (간접 + 직접)
Tu peux <u>le lui</u> dire. (직접 + 간접)

📁 회화 작문에 필요한 필수 표현 정리

Cela m'ennuie de + inf : ~하는 것이 지겹다, 지루하다

Cela m'ennuie de rester dans la maison, par un si beau temps.
이렇게 좋은 날씨에 집 안에 머물러 있다는 것이 지겹다.

se faire couper les cheveux : 머리 자르다, 이발하다

Après la classe, je vais me faire couper les cheveux.
수업이 끝난 후에 머리자르러 갈거야.

Pour aller + 장소? : ~에 갈려면 어떻게 합니까?

Pour aller place de l'Opéra, s'il vous plaît? - Vous prenez la deuxième rue à droite.
오뻬라 광장에 갈려면 어디로 가야합니까? - 오른쪽 두 번째 길로 가세요.

tenir à inf : ~하고 싶다

Je tiens à écrire en français, car je veux faire des progrès rapides.
나는 프랑스어로 편지 쓰기를 원해. 왜냐하면 빠른 발전을 원하기 때문이야.

avoir du mal à inf : ~하기가 힘들다

Tu auras peut-être du mal à comprendre ce livre.
너는 아마도 그 책을 이해하기가 힘들거야.

부록

1.
녹음된 각과의 CD를 잘 듣고 (   ) 속에 들어갈 표현의 뜻을 잘 이해하세요.

가능하면 녹음된 내용을 반복하여 듣고 빈칸에 들어갈 말을 프랑스어로 써보세요.

2.
회화 작문에 필요한 필수 표현 정리

Leçon 1   Tout s'est passé comme prévu.

Paris, le 26 juin

Mon cher Henri,

Cela fait déjà plusieurs semaines que je suis à Paris et je commence à bien connaître la ville. Les premiers jours (   ) aux passants:

- Place de l'Etoile, c'est par où? Vous pouvez (   ) aux Champs-Elysées? Pour aller au Louvre, s'il vous plaît?

Maintenant (   ), c'est plus agréable de se promener et surtout, je suis moins fatigué. Quand tu viendras à Paris, je te servirai de guide.

Tu te demandes sûrement pourquoi je t'écris en français. C'est simple, je veux profiter de mon séjour pour progresser au maximum. Alors j'ai décidé de (   ). Si tu as du mal à comprendre, demande à M. Laforêt de t'aider. (   ) avec lui m'ont été d'une aide précieuse. (   ), de sorte que je n'avais pas l'air trop ignorant. Dis-lui aussi que j'ai bien fait sa commission, comme il me l'avait demandé. (   ). N'oublie pas de lui transmettre mes amitiés.

Je suis sorti tôt ce matin, je suis passé à la poste acheter des timbres, (
) du Luxembourg pour y lire tranquillement le
journal et t'écrire. En général je préfère y aller le matin, c'est plus
reposant à cette heure-ci, les allées sont presque vides, il y fait bon et l'air
y est frais, on y rencontre quelques étudiants qui lisent, écrivent, étudient
ou rêvassent.

C'est un grand jardin avec une belle pièce d'eau. Les parterres y sont
remarquablement fleuris et les fleurs aux multitudes couleurs représentent
des formes géométriques. C'est un jardin à la française.

C'est incroyable, (   ). J'ai visité
Notre-Dame et la Sainte-Chapelle. (   ) où
nous avons fait la connaissance d'un vieux professeur très savant qui nous
a emmenés à la Comédie-Française en compagnie de sa petite fille Blanche,
cette dernière nous a présentés à son amie Madeleine, jeune actrice.
(   ), n'est-ce pas? Dans la même soirée j'ai
fait la connaissance de deux jeunes parisiennes. (
) de la Comédie-Française, j'ai dansé avec elle, j'ai bu du
champagne excellent. Si tu ne me crois pas, tu pourras consulter mes
photos sur mon blog.

Je n'ai pas oublié les renseignements que tu m'avais demandés concernant
les usines d'automobiles et (   ).
Si tu as encore besoin de quelque chose, n'hésite pas à me le demander.
Ce sera avec plaisir que je t'aiderai.

Bonnes vacances, amuse-toi bien.

Amicalement.

Pierre

Leçon 2   J'attends avec impatience de vos nouvelles.

Paris, le 1er juillet

Ma chère Hélène,

Avant mon départ, nous nous étions promis de nous écrire de longues lettres et de tout nous dire. Mais (   ) mon voyage, ma vie parisienne, mes rencontres avec mes amis français, tout ça en une seule lettre? Et par quoi dois-je commencer? C'est un vrai casse-tête.

Tout d'abord la mode, j'ai bien regardé les robes (   ) les filles et je peux t'assurer que les tiennes comme les miennes sont tout à fait à la mode. (   ) dans les grands magasins. Nous n'avons rien (   ).

Un jour que je me promenais avec Mme Poquelin, rue de la Paix, j'ai aperçu dans une vitrine de la place Vendôme une magnifique paire de gants noirs. Alors je me suis souvenue de Jacqueline, notre camarade française, et de ses gants que tu admirais tellement. (   ) d'en avoir comme les siens. Je suis entrée (   ). J'espère (   ).

En ce moment, je suis à la terrasse d'un café, rive gauche. Je suis entourée de Français, mais il y a aussi beaucoup d'étrangers. Paris est vraiment une ville cosmopolite. (   ), je peux voir la vieille église de Saint-Germain-des-Prés. Je me trouve entre la Sorbonne et l'école des Beaux-Arts. Les rues de Paris sont bondées de voitures et les Parisiens roulent très vite. Ils sont toujours pressés et je les comprends bien, il y a tant de choses à voir et à faire ici. Entre le théâtre, les concerts, les musées, nous n'avons jamais le temps de nous ennuyer. Nous avons fait la connaissance de gens très gentils qui nous sortent et nous font découvrir des tas de choses passionnantes et extraordinaires. Je lis beaucoup de livres, en français bien sûr. (   ) mais mon amie Blanche m'en a prêté plein. Son grand-père et elle ont une belle bibliothèque. En lisant deux heures par jour, je fais beaucoup de progrès.

J'imagine que tu as déjà quitté la ville pour te rendre dans ta villa au bord de la mer. Peux-tu me donner des nouvelles des autres? Jeanne a-t-elle commencé ses examens? Louise et Suzanne (   )? Et toi? Tu as sûrement passé les tiens avec succès. Ton père t'a-t-il acheté une jolie voiture comme la mienne? (   ).

Je t'embrasse, Pierre aussi.

Marie

Leçon 3 **Vous allez voir comment on fabrique des automobiles.**

Pierre s'intéresse beaucoup à la mécanique et il avait promis à son ami Henri de lui envoyer toutes les informations qu'il pourra trouver sur les usines d'automobiles françaises. C'est pourquoi (   ) l'une des usines Renault.

M. Poquelin avait pour ami un ingénieur qui travaillait chez ce constructeur. Il avait dit à Pierre:

- J'ai un ami qui est ingénieur chez Renault. Je suis sûr qu'il sera ravi de vous faire visiter son usine. (   ) quand il m'aura indiqué la date de la visite.

Pierre et Marie, accompagné de M. Poquelin, (   ) par M. Ledoux à visiter le Technocentre de Guyancourt. A l'étonnement des visiteurs, l'ingénieur leur avait fixé rendez-vous devant un modeste atelier, très différent des autres bâtiments, grands et modernes.

Après avoir fait la connaissance des deux jeunes gens, M. Ledoux leur a dit:

- On (   ) cet atelier. C'est une reproduction, mais
(   ), nous n'avons absolument rien changé.
(   ) Renault, en 1899 (mil huit cent quatre-vingt-dix-neuf). En ce temps-là, Louis Renault n'était alors aidé que d'un seul ouvrier.

L'ingénieur les a ensuite emmenés dans son bureau. Plusieurs cartes étaient fixées au mur. Sur la première, étaient indiqués tous les sites français du constructeur, la deuxième carte (   ). M. Ledoux leur a expliqué:

- Comme vous le constatez, la deuxième carte n'est pas finie. Ma secrétaire y localise les différentes usines dans le reste du monde.
On (   ) maintenant: en Europe, en Amérique du Sud, en Afrique, et jusqu'en Asie.

La troisième carte, elle, représentait les ateliers et les bureaux du site de Guyancourt.

Marie : C'est incroyable. (   )!

M. Ledoux : Oui mademoiselle, et vous êtes ici au Technocentre, l'un des lieux les plus importants. (   ) les nouveaux modèles.

Pierre : S'il vous plaît, monsieur, pouvez-vous me donner quelques chiffres avant d'aller visiter les ateliers? J'ai un ami qui travaille dans l'industrie automobile dans mon pays et il m'a fait promettre de lui rapporter un maximum de renseignements (   ).

M. Ledoux : Je vais vous donner un petit guide qui a été rédigé par notre bureau d'études à l'intention de nos visiteurs. Vous y trouverez toutes les informations possibles et inimaginables. (   ) de votre ami. A présent, suivez-moi. Vous allez voir comment on fabrique des automobiles. (   ), l'automobile est l'un des fleurons de l'industrie française.

Leçon 4   La privatisation a-t-elle eu une grande influence sur la culture d'entreprise?

Après avoir présenté son bureau, l'ingénieur a guidé les trois visiteurs vers un autre atelier. (   ) le métal pour le faire fondre. C'était la fonderie, il y faisait extrêmement chaud.

- On doit se sentir épuisé après une journée de travail dans cette grande chaleur, a dit Marie.

- Il est vrai que le travail dans de telles conditions est pénible, mais on s'y habitue, a répondu M. Ledoux. Et puis les employés de la fonderie (   ), tout en étant rémunéré (   ). Afin de minimiser les accidents du travail, les règles de sécurité sont strictement respectées. Comme vous pouvez le constater, tous les employés portent des lunettes de protection car il y a de nombreux projectiles. Ils sont également (   ) vêtements (   ).

La visite s'est poursuivie dans l'atelier des moteurs, et M. Ledoux leur a expliqué:

- La production est presque entièrement automatisée ici. Regardez, les moteurs vont d'un automate à l'autre, (   ).
Nous ne comptons que quelques opérateurs qui surveillent le bon fonctionnement des robots.

Puis les visiteurs sont passés devant l'atelier d'essai des moteurs. Pierre y est entré seul car le bruit y était très fort et Marie avait préféré attendre à l'extérieur.

M. Ledoux : Voici le dernier atelier que nous allons visiter. (   ) une voiture toutes les deux minutes. Mademoiselle, vous n'êtes pas trop fatiguée? Habituellement les jeunes filles s'ennuient vite chez nous.

Marie : Non, absolument pas. C'est tout à fait passionnant.

Pierre : Si nous continuions? Dites-moi, vous employez combien d'ouvriers sur ce site? (   ) sur la culture d'entreprise?

Pendant que M. Ledoux (   ) de Pierre, Marie était sortie pour avoir (   ) des bâtiments.

Leçon 5 — Je n'y vois plus rien.

-Aïe, (   ) Marie, elle a baissé la tête et (   )
de sa main.

- Qu'y a-t-il? Qu'est-ce qui se passe? ont demandé ensemble M. Ledoux,
Pierre et M. Poquelin.

- J'ai une poussière dans l'œil. Ça fait mal. Vite, aidez-moi.
(   ).

L'ingénieur a fait signe à une voiture qui approchait de s'arrêter de leur
côté. M. Ledoux a parlé au chauffeur de la voiture.

-Vite! Conduisez-la à l'infirmerie, lui a-t-il dit (   ) dans
l'auto.

M. Poquelin et Pierre (   ) et ils ont dit:

- Ne vous occupez pas de nous. Soignez d'abord Marie. Vous viendrez
nous chercher (   ).

(   ) et (   ) à
l'infirmerie de l'usine. Une infirmière (   ) et l'a conduite
chez le médecin. Après avoir examiné l'œil de la jeune fille, le médecin
lui a dit:

- Vous avez reçu dans l'œil un copeau de métal. Vous avez eu de la chance mademoiselle, (   ). Fort heureusement il n'a pas fait de dégâts, juste (   ). (   ), ça ne sera pas long. Je dois d'abord vous extraire le morceau de métal. (   ), vous ne sentirez rien ou tout au plus un léger picotement.

Il a dit ensuite à l'infirmière:

- Yvelines, conduisez cette jeune fille en salle dix.

Le médecin les a suivies, il a approché de l'œil de Marie un gros appareil. L'opération (   ). Le médecin s'est adressé à la jeune fille (   ):

- Voilà mademoiselle, c'est fini. Tout s'est très bien déroulé. Faites attention à ne pas vous fatiguer les yeux et n'oubliez pas de porter des lunettes de soleil quand vous sortez. (   ) dans les jours à venir, et tout ira bien.

Leçon 6   Jamais je n'oublierai le jour où elle nous a quittés.

M. Thomasson: Voyez-vous, jeunes gens, en terme de littérature, je suis souvent tourné vers le passé, mais j'aime aussi lire les œuvres des écrivains contemporains. J'ai dans ma bibliothèque beaucoup de livres modernes car j'aime les auteurs engagés, (   ) aux préoccupations de leurs congénères et qui (   ) les questions sociales et politiques.

Marie: C'est la même tendance dans notre littérature, les écrivains modernes dont on parle ont un regard critique sur les problèmes politiques et sociaux de leur époque.

Blanche: Toi aussi, (   )? Moi, c'est une chose qui (   ). Est-ce que tu lis des revues littéraires?

Marie: Mais bien sûr! Je lis (   ) à l'université, je (   ) deux autres revues mensuelles, et je lis un hebdomadaire français. Les critiques littéraires y sont vraiment (   ).

M. Thomasson: C'est très bien, je vois que vous suivez de près l'actualité littéraire, mais prenez-vous le temps de lire ces livres dont on parle dans toutes ces revues? On lit toujours trop de revues et jamais assez de livres. Moi, j'aime les livres, un vieux livre c'est (   ) pour moi, à chaque nouveau livre j'espère (   ). Par les jours de grand froid, en hiver, quand le temps ne permet pas de sortir, j'aime mieux m'installer dans mon fauteuil près du radiateur en compagnie d'un bon livre. (   ) à Simone Weil, mon amie (   ). Je l'ai bien connue. Elle était professeur dans la ville

où j'habitais alors. C'était une femme d'un courage extraordinaire. Par bonté et par amour pour les hommes elle a quitté sa vie calme et paisible pour celle des ouvriers d'usine. Elle voulait connaître les conditions de travail (   ). Elle voulait être
(   ), partager leur labeur, leur souffrance. Malgré son état de santé inquiétant, elle continuait de se lever de bonne heure tous les matins pour se rendre à l'atelier où elle travaillait au même titre que les autres.
(   ).

DICTEE

Leçon 7 **Dépêchons-nous, sinon le train va partir sans nous.**

Pierre et Marie qui étaient allés voir seuls le château de Versailles la semaine précédente, avaient été invités par Blanche à visiter ce jour-là le château de Fontainebleau. (   ) pour être sûr de ne pas louper le réveil, mais (   ) toujours beaucoup de temps à Marie pour se préparer, Pierre a bien cru qu'ils allaient être en retard.

- Vite! On doit retrouver Blanche à 7 heures et demie à la gare de Lyon. Si ça continue, on (   ), s'est impatienté Pierre.

- Je serai prête dans une minute, lui a répondu Marie.

- Allons, dépêche-toi! Il est temps de partir.

Ils ont descendu la rue Saint-Jacques jusqu'au boulevard Saint-Germain, (   ) qui arrivait au même instant. Mais (   ), elle n'était pas là.

Pierre: Il est huit heures moins le quart et Blanche n'est toujours pas arrivée. Pourtant elle nous a bien dit de la retrouver à la gare de Lyon à 7 heures et demie. C'est étrange. Qu'est-ce qu'on va faire? Le train part dans treize minutes. Marie, appelle-la sur son portable.
Moi, (   ).

Marie: Elle m'a dit qu'elle était presque arrivée. Tiens, là-bas, c'est elle.

Pierre: Salut, Blanche. Ça va? (   )
d'heure. On commençait à s'inquiéter.

Blanche: Vraiment, Je suis désolée. Je pensais être à l'heure. C'est vous
qui êtes en avance. Pourquoi vous êtes arrivés aussi tôt?

Marie: Ben…… mon frère a toujours peur d'être en retard.

Pierre: Ça, c'est bien, les filles, jamais pressées. J'ai pris les billets. (
).

Blanche: Tu es sûr que c'est bien ce train? L'année dernière je suis partie
à Fontainebleau avec des amis et (   ) train. (
                    ), en plein milieu de la forêt sous une pluie
battante. Il faisait très froid, on était (   ) et le
lendemain j'étais (   ).

Pierre: Ne t'inquiète pas. Aujourd'hui, je suis là. Tu peux me faire
confiance. Mais la prochaine fois essaye d'arriver à l'heure, je déteste (
).

Leçon 8   ***Je trouve cette partie de l'histoire vraiment passionnante.***

En route vers Fontainebleau.

Une fois dans le train, Blanche a commencé à donner des explications sur Fontainebleau à ses amis. (   ). (   ). Le train roulait vite, il traversait les bois.

Blanche: Fontainebleau est célèbre (   ). Les arbres y sont grands et (   ) sur son chemin des lapins (   ). Le chant des oiseaux y est reposant. Ce matin nous traverserons le parc à pied, Nous visiterons le château et nous nous arrêterons un instant au bord de l'étang. Il y a de nombreux poissons et ils sont habitués (   ). Cet après-midi nous suivrons (   ) où nous prendrons le car pour rentrer à Paris.

A Fontainebleau, devant le château.

Blanche: Regardez bien cette cour. C'est ici même que l'empereur Napoléon premier a dit adieu à ses soldats avant de quitter la France en (   ), c'est pourquoi elle (   ) la Cour des Adieux. Le palais est formé d'un grand nombre de bâtiments construits à des siècles différents autour d'un petit château (   ). (   ) lors des grandes battues et des chasses à courre. On y retrouve une grande diversité d'architecture du XVIe (seizième) siècle avec François premier, au XIXe (dix-neuvième) siècle. L'empereur Napoléon premier affectionnait particulièrement ce château et il (   ): «Voilà le vrai palais des rois, la maison des siècles.»

Après la visite du château, dans une autre cour, auprès d'une jolie fontaine.

Blanche: Vous voyez cette petite construction sur l'île, au milieu de l'étang. Napoléon y allait souvent, (   ) à sa demande.

Marie et Pierre se sont approchés du bord pour regarder les poissons.

Blanche: Si vous voulez, vous pouvez leur lancer des morceaux de pain, (   ). Ici, la pêche est strictement défendue, c'est pourquoi ils sont si gros et si nombreux.

Marie: Il n'y a pas un endroit où on peux s'asseoir un peu? Je commence à fatiguer.

Blanche: Tu préfères (   ) ou au soleil? Le banc, là-bas, ça te va?

Pierre: Qu'est-ce que tu sais d'autre sur Napoléon?
(   )

Blanche: Si tu veux tout savoir sur Napoléon, c'est à mon grand-père qu'il faut demander. (   ). A présent, je vais vous raconter comment le pape Pie VII est venu à Fontainebleau.

Leçon 9   Et si on faisait une petite randonnée?

Blanche: J'ai une proposition à vous faire. (   ) une petite randonnée? (   ) de Fontainebleau à Barbizon? Qu'est-ce que (   )? Ça nous fera un peu d'exercice et nous pourrons profiter du calme et de la fraîcheur de la forêt. L'air y est pur, (   ). Vous êtes d'accord?

Pierre: Pourquoi pas, c'est une bonne idée, il fera certainement (   ). L'été est tellement différent de chez nous, il fait si chaud et si sec ici.

Blanche: Remarque, avec ta veste, tu ne dois pas avoir froid. Tu peux l'enlever, tu sais, (   ). Dans mon guide il y a de nombreux chemins. (   ). Le point de départ est ici, et Barbizon (   ), nous devons traverser la forêt. Pierre, (   ), mais n'en prends pas un trop difficile. Moi, deux heures de marche (   ).

Pierre: C'est entendu. Prenons le plus court.

Blanche: Pendant que tu étudies la carte, Marie et moi allons faire les courses. Nous déjeunerons sur le sentier, c'est (   ). Marie, tu t'occupes du pain, moi je vais à la charcuterie.

Les jeunes filles sont revenues quelques instants plus tard.

Blanche: Une baguette, quelques fruits, trois tranches de jambon blanc, (   ).
(   ).

Pierre: C'est parfait. (   ). Alors, de mon côté, je pense que nous pourrons pique-niquer (   ), c'est le plus vieux de la forêt. Il a trois cent quatre-vingts ans, paraît-il. Ensuite je propose de poursuivre par ce sentier-là, et puis ce chemin-ci. Ça vous va?

Blanche: (   ). Allez, en route maintenant. Il est temps de partir si nous voulons arriver à Barbizon de bonne heure.

Après quelques minutes de marche, Pierre a remarqué:

Pierre: C'est incroyable, le nombre d'espèces différentes d'arbres et de fleurs (   ). Blanche, tu peux me dire (
)?

Blanche (   ).

Blanche: (   ). J'ai appris leurs noms à l'école primaire mais c'est loin. Si vous voulez, je vais inviter un botaniste. Mais si tu fais bien attention, tu trouveras sur le parcours (
) de la forêt.

DICTEE

Leçon 10   Personnellement, je préfère l'art abstrait.

Le petit village de Barbizon est situé à une dizaine de kilomètres au nord-ouest de Fontainebleau. (   ) au XIXè siècle les peintres Corot et Millet, c'est également là (   ) leurs plus beaux tableaux. Des écrivains (   ), attirés par la beauté et le calme de la forêt, et par la splendeur des paysages.

Pendant leur longue promenade, les trois amis (   ), ils parlent de ces nombreux petits chemins charmants (   ), (   ). En marchant, Blanche a expliqué à ses amis quels étaient les peintres qui avaient formé l'Ecole de Barbizon.

- Ils (   ) de la nature. (   ) de sortir de leur atelier pour peindre la forêt, la campagne et les paysans (   ). Quelques années plus tard, sûrement inspiré par cette tendance, les peintres impressionnistes aussi (   ). Ils jetteront (   ) de couleurs en les disposant pour reproduire les jeux de lumière (   ).
La grande rue de Barbizon (   ) (   ) à la recherche de tranquillité l'instant d'un week-end, (   ) et la pollution de la grande ville. (   ), ils y trouvent le repos, l'air pur de la forêt leur permet de (   ) et de reprendre des couleurs. C'est (   ).

Après avoir visité les ateliers des peintres (   ),
Pierre a dit:

- Je n'aime pas beaucoup (   ), je m'en fatigue vite.
Tous ces tableaux ressemblent à des cartes postales.
(   ).

Blanche lui a répondu:

- Cette longue marche m'a épuisée. Si tu veux bien, on en reparlera demain puisque nous allons visiter le musée du Louvre. Là-bas, tu en verras de toutes sortes et de toutes les couleurs. Tu pourras y admirer les tableaux des peintres français du XIXè siècle. Mais maintenant j'ai faim et j'ai sommeil. Le car ne partira que dans deux heures. On peut acheter quelque chose (   ) et s'installer à la terrasse d'un café.

Leçon 11 C'est de la part de qui?

Marie est allée répondre au téléphone qui sonnait:

– Allô? – (   ) – Excusez-moi,
pouvez-vous parler plus lentement, s'il vous plaît? – Je ne comprends pas
bien, qu'est-ce que vous dites? – Ah! C'est vous, monsieur Thomasson? –
Bonjour, monsieur le professeur… (   )? – Comment?
Blanche veut me parler? D'accord.
    – Allô, Blanche? – Oui, ça va, et toi? – Ce soir (
). Pourquoi? – Merci d'avoir pensé à nous. Pierre sera très content
de sortir, j'en suis sûre. Mais qui y va? – Madeleine? Génial! Je l'adore,
elle est super. (   )? – Chez un de vos amis…… Bon, à
tout à l'heure. – Vers 9 heures, devant l'hôtel, c'est ça. – C'est entendu.
Ça ne devra pas poser de problèmes à Pierre, il est toujours très rapide à
se préparer, et moi, je vais essayer de faire vite.

    Blanche (   ) un jeune sculpteur qui donnait une fête ce
soir-là. Quand les jeunes gens ont frappé à la porte de l'atelier, c'est
l'artiste lui-même, Christian qui est venu leur ouvrir. Il avait préparé un
bouquet de fleurs pour Marie (   ), et l'a présentée
(   ). Il lui a demandé de chanter une chanson de son pays, (
) un air populaire.
(   ) a crié: «Dansons et chantons! La fête
commence!».
(   ) du champagne et chacun est allé se
servir. Blanche et ses amis ont dit: «(   ) et
à notre amitié ». De son côté, Pierre s'était mêlé à la conversation d'un
petit groupe de jeunes peintres (   ), (
). Il ne voyait pas le temps passer,
tellement il était absorbé par la discussion, certes difficile pour lui mais (
) beaucoup d'intérêt. Pendant ce temps, Marie dansait, chantait et

buvait avec ses nouveaux amis français. Les deux jeunes gens sont rentrés
à leur hôtel (   ) du matin après avoir passé une
soirée formidable, pleine de découvertes et d'enseignements pour l'un, (
).

Le lendemain, Marie s'est réveillée tôt (   ) de tête,
sûrement (   ) un peu trop du champagne. (
) et a dormi jusqu'à 11 heures du matin. En se
réveillant, (   ), à son nouvel
ami sculpteur. (   ) après le déjeuner pour
l'accompagner au musée d'Art Moderne.

Leçon 12   **Voulez-vous m'accompagner au musée du Jeu de Paume?**

Pierre a téléphoné à Christian pour lui dire:

- Je ne pourrai pas vous rendre visite ce soir, mais ma sœur Marie va se rendre à votre atelier à ma place.

(   ) à la porte, le jeune sculpteur est en plein travail, il observe une statue. Il crie: «Entrez!» puis (   ) de la jeune fille.

Christian: Je vois que vous ne m'avez pas oublié, c'est gentil à vous d'être venue. Suivez-moi, je vais vous montrer la statue que je dois présenter la semaine prochaine à l'exposition de la Jeune Sculpture. Elle est à peu près terminée (   ). Ça représente une danseuse (   ), juste à l'instant où elle s'élance.

Marie reste silencieuse au côté du sculpteur qui cherche
(   ).

Christian: Comment la trouvez-vous? Moi, je n'en suis pas vraiment satisfait. Quand je l'ai commencée, (   ), mais à présent (   ). Quand je la regarde, je trouve qu'il y a quelque chose qui ne va pas. C'est peut-être un manque de grâce, ou une absence d'expression...... Qu'en pensez-vous? Regardez la poitrine, le cou, les épaules, vous ne trouvez pas que (   )? Il faudra les retoucher mais (   ) un peu plus. J'ai voulu exprimer le mouvement de la danse mais...... Quelle est votre opinion, Marie?

Marie: J'imagine que dans votre métier (   ) d'être totalement
(   ) ou de son travail, (   ) une chose compliquée.
Personnellement, je trouve qu'elle est très belle et je pense qu'il n'y a rien
à y changer.

Christian: Parfois, voyez-vous, (
). Pour moi c'est (   ), de
transmettre et de partager avec les autres mes sentiments, de créer de la
joie autour de moi. C'est aussi une façon de découvrir le monde et (
). Et puis grâce à la sculpture je peux réaliser mes
rêves.

Marie: On peut ressentir tout cela en regardant votre sculpture, c'est
pourquoi elle me semble parfaite. Vous ne devez plus y toucher.

Christian: Bon, j'arrête de parler de moi et de mes problèmes sinon vous
allez penser que je suis égocentrique. Merci quand même de m'avoir donné
votre opinion, ça va beaucoup m'aider. (   ) au
musée du Jeu de Paume? Il y a de magnifiques tableaux impressionnistes,
et (   ) pour faire un peu plus connaissance.

Leçon 13   Elle portera la toute dernière création d'un des plus grands couturiers parisiens.

Marie et Pierre ont pris l'habitude de rendre visite régulièrement à leur ami Christian. Le jeune sculpteur leur avait dit:

- Je ne suis pas (   ) mais j'aime la présence de mes amis, j'aime les sentir à mes côtés et les entendre discuter, (   ) m'aide à travailler. Puisque nous sommes voisins, n'hésitez pas à venir me voir, ma porte vous sera toujours grande ouverte.

C'est chez Christian que Marie a fait la connaissance de Claude, une jeune fille (   ). Claude est créatrice de bijoux pour les plus grands couturiers de la rive droite. (   ) des colliers et des bagues. Elle n'est pas encore très connue mais ses bijoux sont (   ).

Marie a tout de suite remarqué Claude (   ) de Christian, (   ) très simple et (   ), et (   ) toujours. La jeune Parisienne vient de faire une proposition à Marie:

— Marie, puisque vous êtes attirée par la mode, je vous propose de passer la journée de jeudi (   ). J'ai un programme (   ) mais qui devra vous intéresser. Il faudra se lever tôt. J'ai rendez-vous avec mon ami Jacques qui est photographe, (   ) huit heures du matin, au bois de Boulogne. Il doit y photographier des modèles de robes et de manteaux de la collection automne-hiver. Il m'a demandé (   ) car il apprécie mes critiques. Vous nous donnerez votre opinion. Nous aurons tout le temps de discuter et je suis sûre que nous rirons beaucoup. Jacques (   ), vous verrez, et le lac du bois de Boulogne (   ).

Ensuite, nous irons ensemble à l'église de la Madeleine où Jacques doit
rencontrer Sophie, (   ) de Paris.
(   ) sur les marches de l'église. Elle
portera (   ) parisiens.
Cette robe, personne ne l'a encore vue, ce sera (   ). Il
faudra être très discrète et (   ), je vous
fais confiance. Puis nous irons déjeuner et prendre un café rue Royale. (
) de tout
Paris, je sais que vous aimez le café. Ensuite, nous ferons une petite
promenade dans les allées du jardin des Tuileries, n'oubliez pas votre
crème solaire, le soleil est assez fort à cette saison. L'après-midi, nous
passerons faire un tour avenue Montaigne, près des Champs-Elysées, chez
l'un de mes amis. C'est le plus jeune couturier de Paris, (
). Je lui ai promis de lui apporter mes dernières créations (
) pour ses nouveaux modèles d'automne. Vous viendrez,
n'est-ce pas, Marie?

Marie a naturellement accepté et (   )
Claude.

Leçon 14 Tout ce que je sais, je le tiens de lui.

Pendant que les deux jeunes filles parlent de mode, Pierre est en train d'exprimer son admiration pour le métro.

Pierre: Le métro à Paris, c'est fantastique: il va absolument partout. Au Nord, au Sud, à l'Est, à l'Ouest ou même au centre, on peut se rendre (   ). En plus on peut circuler pendant des heures et tout ça avec le même billet. On peut changer de train autant de fois que (   ), il suffit de descendre à une station, de se rendre sur un autre quai et de monter dans le premier train qui arrive. C'est un vrai jeu d'enfant, même les étrangers peuvent s'y retrouver facilement. Bien sûr, il est préférable de consulter le plan du métro pour savoir quelle ligne nous devons prendre car (   ) et forment un réseau complexe. (   ) largement la lecture. (   ), (   ) la demande au guichet. Ce matin, j'ai pris le métro à la station Saint-Michel, arrivé à Châtelet, je suis descendu pour changer de ligne, (   ) Hôtel-de-Ville et Bastille. Là, je suis descendu et j'ai encore changé de train. Pour m'amuser j'ai repris la même ligne, mais (   ) Hôtel-de-Ville, Châtelet, Louvre, Tuileries, Concorde......

A ce moment, Alain, (   ):

Alain: Et qu'est-ce que vous avez pensé quand vous avez lu tous ces noms?

Pierre: ......

Alain: (   ) que les noms des stations de métro et des rues pouvaient avoir une signification? Ce n'est pas (   )

(   ). (   ) un événement
qui a marqué l'histoire de Paris et de la France. Par exemple, le Châtelet,
savez-vous ce que c'était? Au Moyen Age, c'était une construction militaire
(   ) la ville contre ses envahisseurs puis, quand
Paris s'est agrandi, le Châtelet (   ). La
Bastille (   ) et c'est pourquoi le peuple parisien (
) et l'a détruite au nom de la liberté en 1789.

Pierre: Vous êtes épatant! On croit entendre le professeur Thomasson.

Alain: Vous connaissez le professeur Thomasson? (   ),
c'est justement mon professeur. (   ). Si vous êtes
libre jeudi, nous pourrons faire une balade, je pourrai (   )
sur les mystères de Paris. Nous pourrons nous retrouver à neuf heures
devant Notre-Dame. J'espère qu'il fera beau, sinon nous irons dans un café
ou au cinéma.

Leçon 15   C'est complètement époustouflant.

En arrivant devant le Palais de Justice situé dans l'île de la Cité, Pierre a aperçu de loin Alain qui descendait du bus.

— Bonjour. Pierre. Tu ne m'attends pas depuis trop longtemps, j'espère.

— Non, je viens juste d'arriver.

— Tu me rassures. J'avais peur d'être en retard à cause du bus. Il ne passe pas toujours à heure fixe et aujourd'hui (   ) attendre plus que (   ). (   ), nous allons passer devant Notre-Dame. (   ), c'est l'île Saint-Louis. Jusqu'au XVIIème siècle il n'y avait ici que deux petites îles (   ), elles (   ) l'île Notre-Dame et l'île aux Vaches. C'est (   ) qu'on a relié ces deux îles et quelques années plus tard on a commencé à y construire (   ), des «hôtels» (   ). Toutes les maisons de l'île (   ) une cinquantaine d'années, un vrai exploit. L'ensemble se caractérise par une grande unité de style. L'harmonie et le charme (   ) m'attirent beaucoup et me font souvent me promener par ici. Regarde comme la lumière est belle. Elle apporte une touche unique aux façades sobres et élégantes percées de hautes et (   ) fenêtres. Si tu regardes vers le fleuve, tu peux apercevoir (   ) sur l'eau (   ) des arbres (   ). A cet endroit il y a (   ), (   ) on peut distinguer de nombreux détails, c'est comme si on regardait dans un miroir.

Pierre s'est avancé (   ) et Alain a ajouté:

— Sur le quai Bourbon avec ses vieux arbres, je m'imagine l'époque où il n'y avait ni voiture, ni métro et où tout le monde (   ), comme nous. Tu sais, aujourd'hui encore il n'y a pas de métro sur l'île Saint-Louis. Prenons (   ), elle partage l'île (   ). C'est la rue Saint-Louis-en-l'Ile. Ici c'est vraiment différent, on retrouve le visage (   ). Les gens se connaissent, se parlent, et (   ). C'est vraiment un autre monde, une autre époque que (   ).

Les deux jeunes hommes marchaient lentement et Pierre, si bavard habituellement, (   ). Il était devenu muet, il écoutait attentivement son ami.

— Arrêtons-nous un instant devant cet hôtel avant de quitter l'île. C'est l'hôtel Lambert. François Le Vau qui fut le premier architecte de Versailles (   ).

— Je veux amener Marie dans ces petites rues. (   ) (   ) par le charme de l'île. Et puis je lui raconterai (   ). C'est (   ). Avant d'aller manger, (   )? On a tellement marché que ça m'a donné soif. Bien sûr, (   ).

— (   ), allons-y.

DICTEE

Leçon 16   **Ça me plairait tellement de côtoyer les étudiantes françaises.**

Après le déjeuner, Alain a quitté Pierre car il avait un travail à finir à la Bibliothèque Nationale. Pierre l'a accompagné jusqu'à la rue de Richelieu, (   ) dans les jardins du Palais-Royal. C'est en regardant les enfants jouer autour de lui et (   ) qu'une pensée lui a traversé l'esprit.

«Qu'est-ce que j'étais bien en compagnie d'Alain, seul entre garçons! Et comme le restaurant où nous avons déjeuné était agréable! La majorité des consommateurs étaient des cadres d'entreprise ou des ouvriers et tous parlaient de leur travail, de politique, des résultats sportifs du week-end ou (   ), de moto ou de télévision.
(   ) des femmes. J'aime bien ma sœur mais avec elle les discussions tournent toujours autour de la mode, des bijoux ou des produits de beauté. Si je reste avec elle, je sens que (   ) qui me correspond, qui me ressemble.

Il y a des choses que je ne peux pas faire avec Marie, des choses qui n'intéressent pas les jeunes filles. Et puis il y a des lieux où je ne peux pas l'emmener parce que (   ) pour elle.
(   ) d'aller et de venir (   )!

(   ), je serai obligé de la prendre en considération et
alors (   ). Mais si elle me (   ) partir, (   )
là où le vent me (   ). Je marcherais et quand je serais fatigué je
ferais de l'auto-stop. Je prendrais mes repas (   ) et (

). Si j'étais seul, (   ) plus
facilement les autres et (   ). Et si le destin m'aide,
je trouverai (   ) qui (   ).
On comprend tellement mieux les autres quand on travaille avec eux, quand
on partage leur quotidien. Si Marie acceptait de partir de son côté, ça me
permettrait de découvrir d'autres aspects de la vie française. (

) tellement de (   ) les étudiantes françaises. Ce n'est
pas pour lui faire de la peine, mais je pense qu'il est temps que (

). »

Leçon 17   Exepté Paris, je ne connais rien de la France.

Le professeur Thomasson: Certes, Paris est la capitale de la France, mais Paris ce n'est pas «La» France.

Marie: Que voulez-vous dire par là?

Le professeur: Je veux dire par là qu'il n'y a pas «Une» France, mais que (   ) et ce tout forme la France. Alors pour prétendre la connaître, il n'y a pas (   ). Il faut voir du pays. Je n'ai pas toujours été professeur à Paris.
(   ) à Lille, à Nice, (
). (   ) et je peux vous dire que la vie y est souvent bien plus agréable qu'à Paris.

Pierre: Je suis tout à fait d'accord avec vous.
(   ) Il est temps de (   ), de partir pour la province. J'ai envie de voir autre chose que la capitale. Je veux rencontrer des Français, (   ). J'en ai déjà parlé à Marie mais (   ).

Le professeur: Tu as tout à fait raison, Pierre. Dans chaque ville où j'ai vécu, j'ai découvert des choses nouvelles et intéressantes, et j'ai fait la connaissance de gens passionnants. Tu découvriras combien les gens du Nord peuvent être différents de ceux du Midi, et les villes de l'Est différentes de celles de l'Ouest. Il est bon de voir des visages nouveaux.
Tu comprendras (   ). Prenons par exemple les gens du Nord même si (   ), une fois qu'on s'est fait accepté d'eux, on découvre vite qu'ils (   ) les Marseillais.

Pierre: Les Marseillais? Mais bien sûr, les habitants de Marseille. Christian nous a beaucoup parlé d'eux. Il paraît qu'ils ont un fort accent dans le

Midi. Notre ami (   ) de la côte méditerranéenne et de ses couleurs si magnifiques.

Le professeur: Oui, elles y sont très pures et très vives, alors que sur les côtes de l'océan Atlantique les couleurs y sont plus douces. Elles changent à chaque heure de la journée.
Et puis (   ), des dunes......

Marie: C'est vrai, M. Poquelin nous l'avait fait remarquer en nous montrant les photos de ses vacances passées en Bretagne.

Le professeur: Il y a tant de belles choses à voir en France.
(   ). Il faut que vous escaladiez nos montagnes et que vous traversiez nos plaines. Il faut que vous marchiez dans nos forêts et dans nos jardins. Il faut que (   ) et que vous cherchiez à découvrir chaque particularité de ces nombreuses régions (   ). Observez (   ) et n'hésitez pas à franchir la porte de ses châteaux et de ses églises. Vous constaterez combien la France est un pays industrialisé. Vous découvrirez au tournant d'une vallée (   ), sans oublier (   ).

Pierre: Moi, ce qui m'intéresserait, ce serait de rencontrer d'autres Français. Et pour ça il faudrait que je voyage seul.

Le professeur: Je vois que tu ne manques pas de volonté. C'est une bonne chose. Ce sera une expérience inoubliable. (   ) à la rencontre d'ouvriers, (   ).

Marie: Et qu'est-ce que je vais faire seule à Paris? Tu y as pensé? Tu sais bien que je ne suis pas tranquille sans toi. (   ) que tu restes avec moi.

DICTEE

Leçon 18   Qu'est-ce qui te dit, la mer ou la montagne?

Marie: Je suis heureuse que (   ) et de
constater que nous n'avons pas dépensé trop d'argent. J'ai réglé ce matin (
) et (   ) il nous reste plus de la moitié de (
).

Pierre: Tant mieux! Mais nous devons quand même faire attention à (
). Ce ne sera pas de trop, si nous décidons de voyager.

Marie: Qu'est-ce que nous allons faire? (   ) nous pouvons aller avec
Blanche, (   ) en Provence où elle a loué une
maison au bord de la mer avec ses amis. (   ) nous pouvons nous
rendre chez la sœur de M. Poquelin qui habite dans les Alpes.
(   ), la mer ou la montagne?

Pierre: Pour moi, ce ne sera ni l'un ni l'autre. Je préfère partir à l'aventure
et me faire de nouvelles connaissances pendant ces vacances. Mais pour toi
ça sera sûrement mieux de suivre Blanche.

Marie: Si je comprends bien, (   ). C'est ça. Tu
n'es qu'un égoïste.

Pierre: Mais non, ce n'est pas du tout ça, Marie. Bien sûr que tu (
) mais c'est juste que j'aimerais me sentir libre d'aller où je
veux, quand je veux.

Marie: Et (   )? Et où veux-tu aller?

Pierre: Ça, (   ) mais tout ce que je sais c'est
que je ne veux pas dépenser trop d'argent. Tu sais, jouer au touriste ce
n'est pas fait pour moi. (   ) c'est plutôt de prendre mon sac à
dos et de partir sur les routes. (   ) et je trouverai des petits

boulots qui me permettront de côtoyer des Français de toutes origines et de toutes classes sociales.

Marie: Je suis quand même triste que (   ) sans moi.

Pierre: Ne sois pas triste! Je suis certain que ce sera beaucoup plus amusant pour toi d'être avec Blanche et ses amis. Tu profiteras plus de tes vacances, et moi aussi. (   ) de mes aventures et toi aussi des tiennes. Tu verras, on sera très bien.

Marie: Tu as peut-être raison. Mais je n'ai quand même pas la conscience tranquille de te savoir seul sur les routes alors que je serai en train de m'amuser (   ). Et s'il (   ) quelque chose, (   )? (   ) que je voyage seule avec des gens que je ne connais pas très bien. C'est quand même gênant.

Pierre: (   ). Tout se passera bien. Et puis ce ne sont pas totalement (   ), tu connais Blanche, non? Je suis sûr qu'elle s'occupera très bien de toi et qu'elle ne te laissera pas tomber. (   )? Je te promets d'être très prudent et (   ). Tu sais, (   ), ce n'est pas fait pour toi. Je désire aller à la rencontre des Français, partager leurs joies et leurs peines, (   ) et pour ça je préfère que tu ne m'accompagnes pas.

Leçon 19　　　Je ne voudrais pas que tu te fasses du mauvais sang pour moi.

(　　　　　　　　　　　　　　　　　　　　),
Marie (　　　　　　　　　): elle regrette que Pierre (　　　) seul et (
　　　　) qu'il reste à ses côtés. Les Poquelins ont promis à Pierre
qu'ils (　　　　　　　　　　) et (　　　　　) qu'il (　　　　　)
l'esprit tranquille. Il a donc décidé d'entreprendre son voyage sans plus
attendre. Le lendemain M. Poquelin avait à faire à Orléans et a donc
proposé à Pierre (　　　　　　　　).

(　　　　　　　　　　) Marie regardait son frère préparer son sac.
(　　　　　　　　　　　　　) et (　　　　　　　　　).
Marie désirait qu'il (　　　　　) plus de vêtement mais son frère lui a dit.

Pierre: Je ne peux pas prendre trop de choses. Moi, je vais marcher
pendant de longues heures, alors je (　　　　　　　　). Il n'y a pas de
place pour un costume, (　　　　　　　　　　). Demain je porterai (
　　　　　). Ah! J'allais presque l'oublier, mon couteau.

Marie: Et si tu te fais inviter chez des gens, tu (　　　　　　) d'un
vagabond. (　　　　　　　　　　), il te faut au moins un costume.

Pierre: Et bien tant pis! Ça ne fait rien. Ils comprendront bien que je suis
en voyage. Je n'ai pas besoin d'être élégant.

Marie a compris que (　　　　　　　　　　　　　　　　　) et,
pour (　　　　　　　　　), elle a seulement demandé à son
frère: «Où vas-tu?»

Pierre: Je ne le sais toujours pas, tout ce que je peux te dire, c'est que je prends la direction du Sud. M. Poquelin va me conduire jusqu'à Orléans, ensuite je verrai bien.

Marie: Et il dit de ne pas s'inquiéter. Promets-moi de me téléphoner.

Pierre: Naturellement. (   ) le soir pour te dire où je me situe. Je ne voudrais pas que (   ) pour moi.

Marie: Tu es gentil Pierre, mais il faut toujours que (   ) et nous, on n'a rien à dire. Et si je veux te téléphoner, comment je fais? Tu peux me le dire.

Pierre: (   ), je m'achèterai un téléphone portable, alors tu pourras facilement me contacter. Grâce à la visiophonie je pourrai te montrer que (   ). Tu es rassurée, non? Allez, (   ) et souhaite-moi plutôt un bon voyage. Si tu veux, tu peux m'écrire des mails pour me raconter ce que tu vas faire pendant tes vacances. Je ne te dis pas que (   ) mais j'essayerai de passer au cybercafé de temps en temps. En attendant le départ, va te promener avec ton amie Elisabeth. (   ) à visiter tel que Montmartre, Montparnasse, l'Ile Saint-Louis, les Invalides, tous ces lieux où je suis allé seul. Et n'oublie pas Christian qui s'est proposé de t'accompagner au Musée d'Art Moderne et à l'UNESCO. (   ). Tu as encore tant de choses à voir à Paris.

ne - plus que + 명사 : 이제 ～밖에 없다

Nous n'avons plus que 5 minutes avant le départ du TGV pour Lyon.
우리는 이제 리옹행 TGV가 떠나기 전까지 5분밖에 없습니다.

se tromper de - : ～를 잘 못 알아보다, 틀리다

Vous êtes bien certain de ne pas vous être trompé du métro?
당신은 지하철을 잘못 알아보지 않은 것에 대해 정말 확신하십니까?

Vous vous êtes trompé de numéro. 전화 잘못 거셨습니다.
Vous vous êtes trompé de date. 날짜를 착각하셨습니다.

Cela fait du bien de + inf : ～하는 것은 ～에게 좋다

Cela nous fera du bien de respirer l'air pur de la forêt.
숲의 맑은 공기를 호흡한다는 것은 우리에게 좋을 것입니다.

manquer à + 명사, 동사 원형 : ～을 저버리다

Elle manque toujours à sa parole. 그녀는 항상 약속을 안 지킨다.
Je n'y manquerai pas. 꼭 그렇게 하겠습니다.

en ~ : (복장, 착용) ~을 입고 있는, ~을 쓰고 있는

Il ôte sa veste et paraît vêtu en cusinier.
그는 상의를 벗고 요리사 복을 입고 나타난다.

Elle reste en lunettes. 그녀는 안경을 끼고 있다.

n'avoir qu'à +동사 원형 : ~하기만 하면 된다

Nous n'avons qu'à attendre. 우리는 기다리기만 하면 돼.

frapper à - : ~를 두드리다

On frappe à la porte. 누군가 노크하고 있어.

se rendre compte de - : ~를 이해하다, ~를 알아차리다

Tu ne t'en rends pas compte. 너는 그걸 이해 못해.

Vous ne vous rendez pas compte de cette situation?
당신은 이 상황을 이해 못하시겠습니까?

en + 시간 : ～만에, ～안에 (끝낸다는 완료의 개념)

Je dois terminer ce travail en une heure. 나는 이 일을 한 시간에 끝내야 합니다.

On ne peut pas visiter tout Paris en un mois.
우리는 한 달 만에 빠리 전체를 구경할 수 없답니다.

autant de + 명사 + que - : ～만큼 (명사에 대한 동등 비교)

A Paris, vous pouvez changer de métro autant de fois que cela vous plaît avec le même billet.
빠리에서 당신은 똑같은 표를 가지고 당신의 마음에 드는 만큼 지하철을 바꿔 탈 수 있습니다.

haïr (증오하다) 동사변화 : hais hais hait haïssons haïssez haïssent

Je te hais de m'avoir ainsi trompé.
네가 나를 그런식으로 속였다니 나는 네가 너무 싫다.

Je ne sais pas haïr comme vous.
저도 당신처럼 사람을 미워할 줄 모릅니다.

en cas de + 명사 : ～일 경우에

En cas de pluie, nous irons au cinéma au lieu d'y aller.
비가 오면 거기에 가지 말고 영화관에 가자.

si + 형용사, 부사, 과거 분사 que - : 너무 ~해서 ~하다

Ce matin, je me suis levée si tard que je craignais d'être en retard.
오늘 아침에 나는 너무나 늦게 일어나서 늦을까 걱정했어.

tant de + 명사 + que - : 너무 ~해서 ~하다

Tout cela a tant de charme que je suis toujours heureux de me promener ici.
모든 것이 너무나 매력적이어서 이곳에서 산책하는 것이 나는 항상 행복해.

tellement + 형용사, 부사, 과거분사 que - : 너무 ~해서 ~하다

Avant d'aller au bois de Boulogne, allons boire quelque chose de frais. J'ai tellement marché que j'ai envie de m'asseoir un peu au café.
불로뉴 숲으로 가기 전에 뭔가 시원한 것을 마시러 가자. 나는 너무 많이 걸어서 까페에서 조금 앉고 싶어.

de temps à autre : 때때로 / du côté de - : ~쪽으로

De temps à autre, je me soulevais sur la pointe des pieds dans la classe et je regardais du côté de la cour.
때때로 나는 교실에서 까치발로 내 몸을 일으켜 세워서 운동장 쪽을 바라보곤 했다.

ne pas manquer de + 동사 원형 : 틀림없이 ~하다

Quelqu'un ne manquera pas de crier à haute voix.
누군가 틀림없이 높은 목소리로 소리를 지를 것이다.

 **n'importe quand** : 언제든지

Venez n'importe quand.
언제든지 오세요.

offrir à qn de + 동사 원형 : ~에게 ~할 것을 권하다

Elle m'offre de l'accompagner en Provence.
그녀가 나에게 프로방스 지방에 같이 가자고 제안하고 있어.

s'adresser à - : ~에게 문의하다, ~에게 알아보다

A qui dois-je m'adresser? - Au guichet 3.
제가 누구에게 문의를 해야되나요? - 3번 창구입니다.

comter sur qn : ~를 믿다, 의지하다

Je compte sur toi. 나는 너를 믿어.

pis (더 나쁘게) : **mal** 의 우등 비교형

Tant pis! Ça ne fait rien. 할 수 없지! 괜찮아.

MEMO